BERÜHMTE FRANKFURTER FRAUEN

Edith Dörken

BERÜHMTE FRANKFURTER FRAUEN

Verlag Otto Lembeck
Frankfurt am Main

Bibliografische Information der Deutschen Nationalbibliothek
Die Deutsche Nationalbibliothek verzeichnet diese Publikation in der
Deutschen Nationalbibliografie, detaillierte bibliografische Daten
sind im Internet über http://dnb.d-nb.de abrufbar.

Umschlagentwurf: Markus Wächter
© 2008 Verlag Otto Lembeck, Frankfurt am Main
Gesamtherstellung: Druckerei und Verlag Otto Lembeck
Frankfurt am Main und Butzbach
ISBN 978-3-87476-557-2

Meiner Mutter,
meinen Töchtern Heidrun und Susanne
und
meiner Enkelin Lene
gewidmet

INHALT

Eine persönliche Vorbemerkung	9
Vorwort	15
Catharina Elisabeth Goethe (1731–1808)	19
Gudula Rothschild (1753–1849)	43
Lili Schönemann (1758–1817)	53
Marianne von Willemer (1784–1860)	65
Stifterinnen der Rothschildfamilie	77
Lina von Schauroth (1874–1970)	91
Johanna Kirchner (1889–1944)	107
Margarete Schütte-Lihotzky (1897–2000)	123
Elisabeth Schwarzhaupt (1901–1986)	131
Nachwort	141
Danksagung	147
Bildnachweis	148

EINE PERSÖNLICHE VORBEMERKUNG

Den Anstoß zu diesem Buch verdanke ich in erster Linie der Stadt Frankfurt selbst und dem Publikum, das an meinen Führungen „Berühmte und vergessene Frauen von Frankfurt" teilnahm oder zu meinen Vorträgen kam. Nach jeder Veranstaltung wurde ich seitens der Zuhörer aufgefordert, eine Veröffentlichung über die erwähnten Frauen zu machen, damit man über sie nachlesen und ihren Spuren im Stadtraum nachgehen kann.

Ich habe das sehr gern getan, denn es sollte auch als Hommage an diese vielseitige, großartige Stadt verstanden werden. Frankfurt und ich, das war Liebe auf den ersten Blick, als ich 1964 hierher kam und eine zweite Heimat fand.

Es war die Zeit des Baubooms. Das Wirtschaftswunder war im vollen Gange. Als Diplomingenieurin (Architektur) erregten die vielen spektakulären Großbaustellen mein Interesse, bei denen mit innovativen Techniken gebaut wurde. Sie versprachen eine moderne „aufstrebende" Stadt, im wahrsten Sinne des Wortes. Der Fluss, die kurzen Wege, der internationale Flair, die geschichtliche Bedeutung, die liebliche Umgebung haben die Stadt für mich eingenommen. Da ich in Weimar geboren und aufgewachsen bin, konnte ich hier auch wieder Goethe, meiner alten Liebe nahe sein.

Durch eine anspruchsvolle Ausbildung der Tourismus + Congress GmbH Frankfurt (früher Verkehrsamt) als Gästeführerin habe ich vieles über die Stadt dazugelernt und konnte mein Wissen im Laufe der Jahre erweitern, so dass ich es mittlerweile auch an neue Gästeführer weitergeben kann.

Wichtig war mir neben Architektur und Goethe immer das Thema „Jüdisches Frankfurt". Wenn man sich intensiv mit der Frankfurter Geschichte beschäftigt, stößt man überall auf jüdische Persönlichkeiten, die durch ihren Fleiß, ihre Intelligenz und ihre Großzügigkeit die Entwicklung der Stadt maßgeblich geprägt haben.

Dabei fiel mir auf, dass unter ihnen besonders viele Frauen waren, die Herausragendes geleistet haben und sich für die Stadt und ihre Menschen mitverantwortlich zeigten, egal ob sie religiös liberal oder orthodox orientiert waren. Ich stellte jedoch fest, dass nur wenige meiner Zuhörer die von mir vorgestellten Frauen kannten.

Selbst **Bertha Pappenheim (1859–1936)**, Schriftstellerin, Sozialarbeiterin, Feministin, Stifterin und Gründerin des „Jüdischen Frauenbundes Deutschlands" war sogar akademisch gebildeten Frankfurtern unbekannt. Als sie 1888 mit ihrer Mutter von Wien nach Frankfurt kam, widmete sie sich zunächst zahlreichen karitativen Aufgaben innerhalb der jüdischen Gemeinde. Mit ihrer ganzen Kraft kämpfte sie gegen den weltweiten Mädchenhandel und der damit verbundenen Prostitution jüdischer Frauen. In dem von ihr gegründeten Heim des Jüdischen Frauenbundes Deutschlands (JFDs) in Neu-Isenburg gab sie den Frauen und Kindern ein neues Zuhause. Zahlreiche Zöglinge konnte sie noch rechtzeitig nach England retten und sie somit vor einer Deportation in die Konzentrationslager bewahren. Sie hat 48 Jahre in Frankfurt-Westend und Neu-Isenburg gelebt, ist 1936 gestorben, auf dem Frankfurter Rat-Beil-Friedhof im Nordend beerdigt und gehört somit zur Geschichte der Stadt.

Durch Goethes autobiographisches Werk „Dichtung und Wahrheit", das seine Jugendzeit beinhaltet und mit dem Verlassen seiner Heimatstadt endet, ist eine Fülle von Wissen über Frauen verschiedener Stände der alten Reichsstadt aus dem 18. Jahrhundert überliefert. Aber trotzdem war meistens nur seine Mutter oder Frau von Stein beim Publikum präsent, wobei die letztere zu Weimar, nicht aber zu Frankfurt gehört.

Über Goethes Schwester **Cornelia Goethe (1750–1777)** und seine Jugendfreundinnen war lange wenig bekannt. Ich habe mich sehr gefreut, dass im Jahre 2000 zum 250. Geburtstag von Goethes Schwester das interdisziplinäre „Zentrum für Frauenstudien" der Frankfurter Universität den Namen „Cornelia Goethe-Zentrum" erhielt. Endlich eine offizielle Namensgebung bei der eine Frau mit Vor- und Nachnamen genannt wird.

Wie viele unspezifische Frauennamen, wie Bettina, Luise, Anna, Mathilde oder Elisabeth existieren im Stadtraum für Straßen, Plätze und Schulen, ohne dass man weiß, wer damit gemeint ist. Da der Nachname fehlt, sagen sie nichts aus über die jeweilige Person.

Es gibt z. B. eine Bettina-Schule, eine Bettinastraße und einen Bettinaplatz. Wer sich dahinter verbirgt muss man erst genauer nachlesen, wenn es nicht in kleiner Schrift unter dem Schild angegeben ist. Das Frankfurter Straßennamenbüchlein schreibt:

„***Bettina von Armin geb. Brentano (1785–1859)***, Schwester des Dichters Clemens Brentano und Ehefrau des Dichters der Romantik Achim von Armin, eine Freundin von Goethes Mutter und leidenschaftliche Verehrerin ihres Sohnes."

Das ist alles richtig. Aber dass sie selbst eine der größten Frauengestalten der deutschen Frühromantik und Vorkämpferin gegen soziale Ungerechtigkeit war, wird nicht erwähnt. Sie wird nur durch drei Männer definiert.

In Sachsenhausen gibt es eine Mariannenstraße. Dass es sich hier um ***Marianne von Willemer (1784–1860)*** handelt, die jugendliche Freundin des 65-jährigen Goethe, muss man erst nachlesen.

Wir finden im Stadtteil Bornheim eine Merianstraße, einen Merianplatz und eine U-Bahnstation gleichen Namens, die an die bedeutende und weit verzweigte Künstlerfamilie des Matthäus Merian erinnern sollen. Die Tochter des Stammvaters ***Maria Sybilla Merian (1647–1717)***, in Frankfurt geboren, verdiente eine besondere Erwähnung. Sie war nicht nur eine talentierte Malerin, Kupferstecherin und Verlegerin wie ihre Vorfahren, sondern eine europaweit anerkannte Naturforscherin der heimischen und südamerikanischen Fauna und Flora.

Auch wenn sich Ehepaare gemeinsam gleichberechtigt für Frankfurt verdient gemacht haben, sei es durch Arbeit oder großzügige Stiftungen, wird oft nur der Ehemann genannt. So kennen wir die „Wilhelm-Epstein-Straße": von ***Else Epstein (1881–1948)*** keine Spur. Sie war mit ihrem Mann in der Volksbildungsarbeit tätig. In der Zeit der Weimarer Republik engagierte sie sich als Stadtverordnete der DDP (Deutsche Demokratische Partei) für die Volksbildung. Nach dem Krieg wurde sie Gründungsmitglied der

CDU. Sie starb 1948 an den Folgen ihrer Verschleppung ins KZ Ravensbrück, weil sie ihren jüdischen Ehemann vor den Nazis versteckt gehalten hatte. Wir kennen die „Georg-Speyer-Straße": *Franziska Speyer (1844–1909)* wird nicht genannt, obwohl sie auch nach dem Tode ihres Mannes zusätzlich noch eine eigene Stiftung gründete oder die „Henry-Budge-Straße", seine Frau *Emma Budge (1852–1937)* wird beim Straßennamen weggelassen. Auch sie hat als Witwe der Stiftung noch weitere Spenden zukommen lassen und wurde sogar 1930 mit der Ehrenplakette der Stadt ausgezeichnet.

Wie konnte diese Ignoranz jahrelang protestlos hingenommen werden? Man wusste doch um die Verdienste dieser Frauen. War es unbewusste Verdrängung oder einfach nur Gedankenlosigkeit?

Die Aufforderung seitens der Tourismus + Congress GmbH, eine Führung über Frankfurter Frauen – nicht nur für Frauen – zu erarbeiten, war deshalb ganz in meinem Sinne. Dabei verfolgte ich die feste Absicht, einige unserer weiblichen Vorfahren aus der Vergessenheit zu holen. Vielleicht kann ich dabei ein wenig mit dazu verhelfen, dass künftig unseren weiblichen Nachfahren mehr Anerkennung zuteil wird.

Von Frauengeschichte, Frauenkämpfen und Frauenwiderstand hat die Gesellschaft bislang wenig Notiz genommen. Geschichtsschreibung nahm Männer wahr, nicht die Frauen, daher soll im vorliegendem Band von „Herstory" und nicht von „History" die Rede sein.

Über Jahrhunderte hinweg waren Frauen durch Sitte und Tradition von Bildung und politischer Mitbestimmung ausgeschlossen. Ihre gesellschaftliche Stellung war abhängig vom bestehenden Herrschaftssystem und dem Rang der Familie. Alles was uns heute selbstverständlich ist, wie Bildungs- und Berufsfreiheit, freie Partnerwahl, Mutterschutz oder Gleichstellung beider Geschlechter, war den Frauen bis Anfang des 20. Jahrhunderts unbekannt. Bis heute hat es immer viel Kraft gekostet, sich als Frau außerhalb des häuslichen Bereichs zu behaupten und ein eigenständiges Leben zu führen.

Es geht in diesem Buch nicht um Frauenforschung. Darum haben sich erstklassige Soziologinnen und Historikerinnen schon seit geraumer Zeit mit Fachkompetenz bemüht. Die Wissenschaftlerinnen haben damit vielen Menschen Impulse gegeben, sich für Frauengeschichte zu interessieren und Voraussetzungen geschaffen, dass langsam der Blick auf die Geschichte aus weiblicher Sicht akzeptiert und die Rolle der Frau in der Gegenwart anerkannt wird. Das Bewusstsein in der Öffentlichkeit hat sich in den letzten Jahren diesbezüglich gewandelt. Zahlreiche Bücher, Vorträge, Ausstellungen, die nur den Frauen von Frankfurt gewidmet waren, zeugen davon. In der Paulskirche wird der „Tony-Sender-Preis" verliehen, genannt nach der engagierten Berufspolitikerin der Zeit der Weimarer Republik, Tony Sender (1888–1964). Der Preis ist bestimmt für Menschen, die sich für die verfassungsmäßige Gleichberechtigung zwischen Mann und Frau und gegen Benachteiligung und Diskriminierung von Frauen einsetzen.

Goethe, Merian, Senckenberg, Städel, Rothschild, Bethmann, Heinrich Hoffmann, Otto Hahn, Ernst May, die Männer der Frankfurter Schule u. v. m. sind weit über Frankfurts Grenzen hinaus keine Unbekannten. Ich ging auf Entdeckungsreise nach den Frauen, Müttern und Töchtern der Stadt.

Mancher der Leser und Leserinnen wird sich fragen: „Frankfurter Frauen – und berühmt?"

Wer waren diese Frauen und was bedeutet hier berühmt? Das Wort ist schon immer sehr unterschiedlich angewendet worden, weil diese Wertvorstellung dem jeweiligen Zeitgeist entsprechend angepasst ist. Ein Popstar z. B. kann heutzutage weltweit berühmt sein, während ein Wohltäter der Menschheit oft erst gar nicht in die Köpfe der Bevölkerung eindringt.

Jede Lebensgeschichte der hier vorgestellten Frauen hat auf ganz verschiedene Weise Vorbildcharakter, so dass sie mit Recht als „berühmt" zu bezeichnen sind.

VORWORT

Dieses Buch beschreibt das Leben von neun Frankfurter Frauen aus unterschiedlichen Epochen, sozialen Verhältnissen und Wirkungsbereichen. Ich habe sie aus einer großen Anzahl berühmter Frankfurterinnen ausgewählt.

Catharina Elisabeth Goethe (1731–1808): An Goethes genialer Begabung hatte ohne Zweifel auch seine Mutter Catharina Elisabeth, genannt Frau Aja, einen großen Anteil, nicht nur durch ihr Talent zum „Fabulieren", sondern auch durch ihre erzieherischen Fähigkeiten und ihr gewinnendes Wesen. Mit den größten Persönlichkeiten der Zeit stand sie im Briefwechsel, so dass schon zu ihrer Lebenszeit das Haus am „Großen Hirschgraben" zur berühmtesten Adresse in Frankfurt wurde.

Gudula Rothschild (1753–1849): die Stamm-Mutter der bis heute weltweit bestehenden „Finanzdynastie Rothschild". In der Judengasse in Frankfurt geboren, blieb sie der engen Gasse bis ins hohe Alter treu, während die erfolgreichen Söhne schon in den prächtigsten Palästen Europas lebten. Wären die Rothschilds die Rothschilds geworden ohne die übergroße Fürsorge und Liebe ihrer Mutter „Gütle"?

Anna Elisabeth Schönemann (1758–1817): „Lili" wie Goethe sie nannte, war seine einzige Verlobte, Tochter aus einem Frankfurter Bankhaus und der strahlende Mittelpunkt einer Salongesellschaft. Sie war 16 Jahre alt, als sich der 25-jährige Goethe mit ihr verlobte. Es wurde eine komplizierte Verlobungszeit mit anfänglichem Glück und schmerzlichem Ende, was Goethe zu ungeheurem Inspirationsschub und Schaffenskraft verhalf.

Marianne von Willemer (1784–1860): Die Muse Goethes in einer wichtigen Schaffensperiode seines Lebens. Bei Besuchern und Einheimischen ist die Gerbermühle als Ausflugslokal beliebt, weil sie idyllisch am Main liegt und sich dort Goethe als Gast der Familie von Willemer aufhielt. Relativ unbekannt ist, dass er die geistig hoch stehende Hausherrin Marianne als „Suleika" in seinem Gedichtband „West-östlicher Diwan" verewigte. Sie dichtete mit. Ihr verdanken wir mit die schönsten Gedichte darin.

Luise von Rothschild (1820–1896), ihre älteste Tochter ***Adele*** und die fünfte Tochter ***Hanna-Luise (1850–1892)***; ***Hannah-Mathilde von Rothschild (1832–1924)*** und ihre zwei verbliebenen Töchter ***Adelheid*** und ***Minna-Caroline*** waren die weiblichen Nachfahren der Rothschilds aus der Judengasse in Frankfurt – alle mit dem Namen *von Rothschild*. Sie leisteten anderen Bürgern der Stadt durch zahlreiche großzügige Stiftungen für Wohlfahrt, Bildung und Wissenschaft große Dienste.

Lina von Schauroth (1874–1970): Malerin, Graphikerin, Mosaikkünstlerin, Bildhauerin sowie Glasmalerin und Glasschliffkünstlerin. Sie war eine einfühlsame Künstlerin, die durch ihre vielseitigen, zahlreichen Werke die Stadt bereicherte. Der größte Teil ihrer fragilen Schöpfungen ist im Bombenhagel unwiederbringlich untergegangen. Jedoch in der Alten Nikolaikirche auf dem Römerberg, inmitten der Stadt, finden wir ein gerettetes und wiedererstandenes Beispiel ihrer Begabung. Sie war eine einmalige Erscheinung, eine geschätzte Persönlichkeit der Frankfurter Gesellschaft.

Johanna Kirchner (1889–1944): „Ich lebe immer in Eurer Erinnerung …" waren die letzten Zeilen von Johanna Kirchner, bevor sie 1944 von Freislers Henkern zum Schafott geführt wurde. Auf der Nordseite der Paulskirche, an der Berliner Straße, befindet sich eine Gedenkplakette an sie. Eine Straße, eine Stiftung und ein Altenzentrum sind in ihrer geliebten Heimatstadt Frankfurt nach ihr benannt. Was wissen die Bürger der Stadt von einer leidenschaftlichen Frau, die durch ihre Liebe zu den Menschen zur Verfolgten des nationalsozialistischen Unrechtsstaates wurde und am Ende mit ihrem Leben dafür bezahlt hat? Sie kam aus einfachen Verhältnissen, war keineswegs politisch und ideologisch geschult, sondern hat immer aus dem Herzen heraus gehandelt. In einer unmenschlichen Zeit Mitmenschlichkeit auszuüben war für sie selbstverständlich.

Margarete Schütte-Lihotzky (1897–2000): Die Architektin Margarete Schütte-Lihotzky entwickelte 1927, neben ihren Entwürfen für soziales Wohnen für die Häuser in den Siedlungen des bekannten Frankfurter Architekten Ernst May, die weit über die Region hinaus Aufsehen erregende „Frankfurter Küche" – die erste Einbauküche. Die Anordnung der Einbaumöbel war sorgfältig kalkuliert, bedeutete Raum- und Zeitsparnis. Die Küche ermöglichte der Frau effizientes Arbeiten, so dass sie dem neuen Rollenverständnis in der Epoche der Weimarer Republik entsprechen konnte. Nach einem entbehrungsreichen Leben in Exil und Haft wurde sie nach dem Krieg als Architektin boykottiert, aber am Ende ihres langen Lebens doch noch mit zahlreichen Ehrungen bedacht.

Elisabeth Schwarzhaupt (1901–1986): die erste Frau in Adenauers Kabinett als Bundesministerin für das Gesundheitswesen. Sie führte das Ressort als Politikerin der CDU fünf Jahre. Ihr Hauptwirkungsfeld war als promovierte Juristin, Richterin und Oberkirchenrätin immer die Arbeit in ehe- und familienrechtlichen Fragen. Als überzeugte Demokratin und protestantische Christin sah sie eine große Aufgabe in der Verwirklichung der Gleichstellung von Mann und Frau und setzte sich kämpferisch im bundesrepublikanischen Nachkriegsdeutschland dafür ein. Alle Frauen Deutschlands können sich bei ihr für mehr Gleichberechtigung bedanken. Als echtes Frankfurter „Mädchen" blieb sie ihrer Heimatstadt bis zum Tod verbunden.

CATHARINA ELISABETH GOETHE
(1731–1808)

„Ich habe die Menschen sehr lieb – und das fühlt alt und jung …"
(Catharina Elisabeth Goethe, 1785, an Frau v. Stein)

Catharina Elisabeth Goethe

Wer wie ich in Weimar geboren ist, wächst zwangsläufig mit Goethe auf, stand doch mein Elternhaus nicht weit über dem Goethegartenhaus am Rande des Weimarer Parks. Eine Goethe begeisterte Mutter und Deutschlehrerin, die zahlreichen Besucher der Goethe-Gedenkstätten, das Nationaltheater und die vielen literarischen Veranstaltungen in meinem unmittelbaren Umkreis haben sicherlich dazu beigetragen, dass das Interesse am Dichter in meiner neuen und Goethes alten Heimatstadt Frankfurt nicht erlosch, sondern neu entfachte.

Weimar lebt von und mit seinen großen Persönlichkeiten, wobei Goethe und Schiller ganz oben an erster Stelle stehen – aber vor allem Goethe. Gebäude, Denkmäler, Plaketten oder Schrifttafeln verweisen auf ihn und die Menschen, die mit ihm in Beziehung standen. Welcher Bürger Weimars wüsste nichts zu erzählen von des Dichters Angebeteten, der Hofdame Charlotte von Stein und von Christiane Vulpius, seiner späteren Ehefrau? Jedoch von den beiden Frauen, die ihm in seiner Jugendzeit in Frankfurt so nahe standen, seiner Mutter Catharina Elisabeth und seiner Schwester Cornelia, weiß man nicht allzu viel. Die Teilung Deutschlands und die damit verbundene Unzugänglichkeit darf man dabei allerdings nicht außer Acht lassen. Johann Wolfgang Goethe erzählt zwar in seiner Autobiographie „Dichtung und Wahrheit" sehr anschaulich über das Leben im Geburtshaus am Großen Hirschgraben im alten Frankfurt, jedoch die herausragende Rolle, die seine Mutter dabei einnahm, kommt dabei nicht gebührend zum Ausdruck. Er spricht stattdessen von den „Meinigen", wenn eigentlich von Catharina Elisabeth die Rede sein sollte.

Als ich 1964 erstmalig die Gelegenheit hatte, vor dem wieder aufgebauten Goethehaus zu stehen und die neu eingerichteten Räume besuchen konnte, traten die Personen aus seiner Jugend, wie sie Goethe in „Dichtung und Wahrheit" sowie in seinem Briefwechsel beschrieb, hautnah in den Vordergrund.

CATHARINA ELISABETH GOETHE

Es fällt nicht schwer festzustellen, dass er die entscheidenden Impulse für sein späteres Schaffen und zur Entwicklung seiner Persönlichkeit hier im Elternhaus erhielt.

Geformt haben ihn Vater und Mutter – jeder auf seine Weise. Im Zimmer der Mutter hängen die Porträts der Eltern aus ihren mittleren Jahren. Spontan erinnere ich mich des Vierzeilers, den wohl jeder Deutsche einmal zu hören bekam:

> „Vom Vater hab ich die Statur
> Des Lebens ernstes Führen
> Von Mütterchen die Frohnatur
> Und Lust zu Fabulieren." (Zahme Xenien VI)

Die zwei ersten Zeilen sieht man sofort angesichts des Gesichtsausdruckes des Vaters bestätigt.

Vertieft man sich jedoch ein wenig in das Leben des Dichters und seiner Mutter, „Frau Aja" oder „Räthin Goethe" genannt, muss man sagen, dass die beiden letzten Zeilen in zweifacher Hinsicht nicht ganz der Wahrheit entsprechen. Bis auf kurze Zwischenzeiten in seiner Jugend kann man Goethe kaum als eine Frohnatur bezeichnen, ebenso wenig wie das Leben seiner Mutter immer ein leichtes, glückliches gewesen ist. Ihr war ein schweres Schicksal auferlegt, dass sie Dank ihres felsenfesten Glaubens an Gott, ihrer Lebensklugheit und musischen Begabung nicht hat zerbrechen lassen. Sie war, könnte man sagen, eine „geplagte Frohnatur".

Der Sohn wollte bewusst der Nachwelt die Mutter als Frohnatur hinterlassen, obwohl er seine Mutter gut kannte. Ein Großteil ihrer Briefe (ungefähr 200 sollen es insgesamt gewesen sein) hat er in Weimar von Zeit zu Zeit dem Feuer übergeben und nur die Briefe erhalten, die den Eindruck der Frohnatur erwecken lassen.

Zutreffend aber ist, dass Goethe die „Lust zu fabulieren" dem Erbgut seiner Mutter verdankt. Ihre über 400 erhaltenen Briefe sind der beste Beweis dafür. Zwar sprechen wir bei Goethe nicht vom Fabulieren, sondern eher von hoher Dichtkunst und neuer deutscher Lyrik, aber die Begabung dafür stammt von ihrer Seite.

CATHARINA ELISABETH GOETHE

Vom Vater, Johann Caspar, hat Goethe in der Tat „des Lebens ernstes Führen" erhalten. Er war ein Mann der Prinzipien, umsichtiger Verwalter des Hauses, treuer Gatte und gewissenhafter Lehrer der Kinder. Seine lehrhafte Art, Sparsamkeit und Pedanterie wurde vom Sohn in der Jugend oft geschmäht, aber gerade in dieser Hinsicht wurde Goethe im Alter seinem Vater immer ähnlicher.

Goethe schildert ihn als wortkarg und extrem einsilbig, der nur redselig wurde, wenn er die Kinder belehrte oder von seiner Italienreise berichtete. Vom wortgewandten und phantasiebegabten Sohn und zukünftigen Dichter musste das frustrierend empfunden werden.

Es existieren viele Biographien über Goethes Mutter, wobei sich größtenteils Goethes Wunsch, sie als eine stets gut gelaunte, unkomplizierte Lebenskünstlerin zu sehen, durchgesetzt hat. Das Wesen der Catharina Elisabeth Goethe erschließt sich am deutlichsten, wenn sie selbst zu Wort kommt in ihrer wort- und bildmächtigen Korrespondenz. Der beschwingte Ton ihrer brillanten Schilderungen in den Briefen kann den Leser leicht dazu verführen, ihren Kummer und ihre Sehnsüchte zu überlesen.

Sie schrieb unablässig Briefe an ihren Sohn, an ihre spätere Schwiegertochter Christiane, an Freunde, ihre Enkelkinder sowie an die Herzogin Anna Amalia von Sachsen-Weimar, deren Hofdamen und an viele andere berühmte Persönlichkeiten ihrer Zeit und zwar ohne Befangenheit, stolz und selbstbewusst, wie es sich für eine Reichsstädterin gehörte. Eigenartigerweise betonte sie dabei auffällig häufig, dass sie das Briefeschreiben ablehne und „tintenscheu" sei.

Bei dem ehemaligen Frankfurter Schauspieldirektor Gustav Friedrich Grossmann entschuldigt sie sich für einen sehr langen Brief mit den Worten:
„Die Weiber machens doch im Schreiben wie im Reden – ists einmal im gang klipp klapp geht's wie eine Mühle."

CATHARINA ELISABETH GOETHE

So schreibt sie in ihrem letzten Brief an Bettine Brentano, verh. von Arnim (1785–1859):
„Den Federkiel in die Hand nehmen und mühsam zackern, das ist nicht meine Sach da ich lieber im vollen Waitzen schneiden mag und lieber erzehl als schreib;"

…

An ihre Schwiegertochter Christiane von Goethe:
„Frau Aja! Frau Aja! Wenn Du einmal in Zug komst seys Schwatzen oder Schreiben; so geht's wie ein aufgezogener Bratenwender", oder: „Ja liebe Tochter! Der verwünschte Catar und Schnupfen hat Ihnen mein Briliantes Talent Mährgen zu erzählen vorenthalten – Bücher schreiben? Nein das kann ich nicht aber was andre geschrieben zu Erzählen – da suche ich meinen Meister!!! … N.S. Daß das Bustawiren und gerade Schreiben nicht zu meinen sonstigen Talenten gehört – müsst Ihr verzeihen – der Fehler lage am Schulmeister".

Die eigenwillige Orthographie der „Frau Rath Goethe" ist nicht mit mangelnder Bildung zu begründen. Zu ihrer Verteidigung muss man darauf hinweisen, dass es bis Mitte des 18. Jahrhunderts noch keine einheitliche orthographische und grammatikalische Norm für das Deutsche gab. Es galt allgemein die Regel: „Schreibe, wie du sprichst". Keiner ihrer hoch gebildeten Briefpartner schrieb nach unserem heutigen Verständnis wirklich richtig – sondern nur anders. Auch dem Dichtersohn in Weimar war die konsequente Rechtschreibung immer ziemlich gleichgültig. Er hat selten selbst geschrieben, sondern diktiert. Er entschuldigt sich mit den Worten: „Wie dieses oder jenes Wort geschrieben wird, darauf kommt es doch eigentlich nicht an; sondern darauf, dass die Leser verstehen, was man damit sagen wollte! Und das haben die lieben Deutschen bei mir doch manchmal getan".

In den mittelalterlichen Hochstiften war Latein die Sprache der Gelehrten. An den Höfen der deutschen Hocharistokratie z.B. bei Friedrich dem Großen wurde Französisch gesprochen. Man darf sich daher nicht wundern, dass das Bemühen um eine einheitliche Schriftsprache erst nach Goethes Tod einsetzte.

CATHARINA ELISABETH GOETHE

Trotz der raschen Verbreitung des Buchdrucks und wichtiger Impulse seitens verschiedener deutscher Gelehrter, kam es erst nach der Reichsgründung durch Preußen 1871 zu einer Angleichung der deutschen Sprache, wenn auch die Aussprache des Schriftdeutschen, mundart- und landschaftlich bedingt, bis heute unterschiedlich blieb.

Der Fehler lag nicht am Schulmeister, wie Catharina Elisabeth Goethe glaubte, sondern eher an Sitte und Tradition der Zeit Anfang des 18. Jahrhunderts, als selbst den Töchtern der höheren Klassen nur eine eingeschränkte Bildung zugestanden wurde. Die vorherrschende Meinung war, dass eine weibliche Bildung unbedingt zu vermeiden sei, ja sogar schädlich für eine Frau sei.

Catharina Elisabeth wurde in eine Familie hineingeboren, wo Gelehrsamkeit Tradition hatte aber eben nur für den männlichen Nachwuchs. Die Vorfahren mütterlicher- als auch väterlicherseits waren durchweg Akademiker, Juristen in hohen Positionen.

Sie wurde am 19. Februar 1731 als Tochter der Anna Margaretha Textor geb. Lindheimer aus Wetzlar (1711–1783) und des Dr. Johann Wolfgang Textor (1693–1771) aus Frankfurt am Main in der Friedberger Gasse Nr. 10 geboren.

Ihre Mutter war eine von vier Töchtern des Kammergerichts-Prokurators Cornelius Lindheimer, die mit sechzehn Jahren Textors Frau wurde.

Johann Wolfgang Textor war schon der Dritte in einer Generationsfolge von angesehenen Advokaten. Sein Vater, Christoph Heinrich Textor war Jurist in Frankfurt und sein Großvater Johannes Wolfgangus Textor wurde 1673 als Professor für Römisches Recht an die Heidelberger Universität berufen. Dessen Vater, also Elisabeths Ur-Urgroßvater hieß noch „Weber", hatte aber den Familienname in „Textor" lateinisieren lassen, was in akademischen Familien in der Barockzeit Sitte war.

Noch in seinem Hochzeitsjahr 1727 wurde ihr Vater, der junge Dr. Johann Wolfgang Textor von der Freien Reichsstadt Frankfurt zum Mitglied des Rates gewählt und zog mit seiner hübschen, blutjungen Frau in sein Elternhaus, wo Catharina Elisabeth als drittes Kind geboren wurde. Vor ihr waren schon zwei Söhne geboren, die aber bereits im Säuglingsalter starben. Von insgesamt neun Kindern haben nur fünf das Erwachsenenalter erreicht: vier Töchter und ein Sohn. Der einzige Sohn durfte studieren und folgte der beruflichen Familientradition. Er wurde wie der Vater Jurist und machte später Karriere als Bürgermeister und Senator der Stadt.

Allgemein galt die Ausbildung der Mädchen mit der Konfirmation als beendet. Sie wurden zur Hausarbeit herangezogen, um sie möglichst früh zu verheiraten und auf einen eigenen Hausstand vorzubereiten. Bei Textors Töchtern Catharina Elisabeth, Johanna Maria, Anna Maria und Anna Christine war es nicht anders.

Vater Textor wurde 1738 zum Bürgermeister gewählt und 1747 zum Stadt- und Gerichtsschultheißen ernannt. Damit wurde er der höchste Repräsentant der freien Reichsstadt und somit der Vertreter des Kaisers. Er war zwar ein bürgerlicher Beamter des Stadtstaates Frankfurt, sein Status aber war vergleichbar mit dem eines Landesfürsten. Einen Vorschlag des Kaisers, ihn in den erblichen Adelsstand zu erheben, hat er ausgeschlagen. Er fürchtete, dass sich dann für seine vier adligen, aber armen Töchter kein gut situierter Ehemann finden könnte. Nach der Gepflogenheit der Zeit heiratete man möglichst im gleichen Stand – nicht darunter oder darüber. Ein reicher bürgerlicher Bewerber für seine Töchter erschien ihm offenbar vorteilhafter als ein armer Adliger. Andere Mitglieder seiner Familie haben in adlige Familien hineingeheiratet. Sein Bruder, Johann Nicolaus heiratete Elisabeth von Barckhausen geb. von Klettenberg. Die Schwester seiner Frau, Sibylla Lindheimer ehelichte Geheimrat Johann Michael von Loen und ihr Bruder Johann Jost Lindheimer wurde in den Reichadelsstand erhoben.

Das elterliche Haus in der Friedberger Gasse, nahe der Konstabler Wache, war ein stattliches Anwesen. Es muss nach Goethes Schilderung in „Dichtung und Wahrheit" ein größeres Gelände gewesen sein und den Eindruck einer Burg erweckt haben, mit einem zinnenbedeckten Tor, einem großen Hof, der umgeben war von miteinander verbundenen Gebäuden, und dahinter ein paradiesischer Garten. Ein Garten mit wechselnden Beeten für unterschiedliche Bepflanzung, die fein säuberlich durch schmale Gänge

CATHARINA ELISABETH GOETHE

getrennt waren und eingefasst wurden durch Obstspaliere und Rebgeländer. Da gab es Rabatten von Blumen, Küchenkräuter, Gemüse, Beerensträucher und Bäume. Hier mag das heranwachsende Mädchen die Erfahrung für ihre gute spätere Haushaltsführung gesammelt haben, denn Haushalt bedeutete in dieser Zeit reine Vorratswirtschaft. Im Rhythmus der Jahreszeiten musste die Witterung genutzt werden, um das Geerntete zu verarbeiten, zu konservieren und entsprechend zu lagern.

Die Kinder, wie auch später die Enkel, konnten sehen, wie der Vater sich nicht zu schade war, die Gartenarbeiten regelmäßig und genauso zu betreiben wie seine Amtsgeschäfte. Um sich vor den Dornen der Rosen zu schützen, zog er die langen altertümlichen Handschuhe an, die ihm die Abgeordneten der Städte Nürnberg, Worms und Bamberg beim Pfeifergericht zur Eröffnung der Herbstmesse überreichten. Handschuhe, Becher, Pfeffer, weiße Stäbchen und Münzen waren symbolische Gaben, um an die Zollfreiheit ihrer Städte zu erinnern.

Wie das Textorsche Stammhaus in der Friedberger Gasse ausgesehen hat, ist noch recht gut in einem Stich von Matthäus Merian „Frankfurt 1770" zu erkennen. Bereits drei Jahre nach dem Tod der Mutter, Anna Margaretha, im Jahre 1786, wurde das Anwesen von den Erben verkauft. Zehn Jahre später bei französischen Bombardements wurde es fast völlig zerstört aber teilweise wieder aufgebaut. 1862 hat es der Frankfurter Maler Carl Theodor Reiffenstein in einem Aquarell anschaulich festgehalten, denn ein Jahr danach musste es dem Neubau des Hotels „Drexel" weichen. Nach der Zerstörung im 2. Weltkrieg erinnert heute nur noch eine Gedenktafel in der Großen Friedberger Straße/Ecke Kleine Friedberger Straße 7 an das Haus des Stadtschultheißen. Die Plakette markiert ungefähr die Stelle von Elisabeths Geburtszimmer.

An ihre Jugendzeit denkt Textors Älteste gerne zurück. Catharina Elisabeth wurde von verschiedenen Lehrern unterrichtet, wie aus einer Art „Erbauungsbuch" aus ihrer Zeit im Elternhaus hervorgeht. Sie wird von den Lehrern gelobt für ihren Fleiß und rasche Auffassungsgabe. Sie findet insbesondere bei ihrem Religionslehrer Konsistorialrat Dr. Johann Philipp Fresenius (1705–1761) große Anerkennung. Er war Hauptpfarrer der Katharinenkirche und muss wohl einen guten Unterricht gehalten und

CATHARINA ELISABETH GOETHE

einen großen Eindruck auf das Mädchen gemacht haben, denn bis ins hohe Alter lebte sie mit den biblischen Geschichten. In allen späteren Lebenslagen konnte sie auf Zitate der Bibel zurückgreifen, Trost und Kraft darin finden. Fresenius war ein Freund der Familie Textor und blieb der „Familienpfarrer", der Catharina Elisabeth konfirmierte, traute und ihren ersten Sohn Johann Wolfgang taufte. Seine engagierten Predigten haben auch Goethe stark beeinflusst und wurden von ihm des Öfteren gerühmt.

„Prinzesschen" wurde sie schon als Kind von der Familie genannt, genau genommen war sie sogar als des Schultheißen Älteste die „Kronprinzessin". Sie liebte Schmuck und schöne Kleider und las gern, im Gegensatz zu ihren anderen Schwestern. Die Leseleidenschaft hat lebenslang angehalten. Allein die Bücher, die sie in ihrer Korrespondenz erwähnte, würden eine lange Liste von Büchern aus verschiedenen Bereichen der Literatur ergeben. Sie kannte sich in der griechischen Götterwelt genauso gut aus wie in den biblischen Geschichten. Alte Volkssagen und Fabeln konnte sie teilweise sogar auswendig wiedergeben. Schon als Jugendliche liebte sie das damals allseits bekannte Buch von den vier Haimonskindern, dem sie, laut Goethe in Dichtung und Wahrheit, den Namen „Frau Aja" verdankt. Sie war neugierig auf zeitgenössische Veröffentlichungen, las Shakespeare in der achtbändigen Übersetzung von Wieland, der mit Lessing, Klopstock, Herder und Lavater zu ihren Favoriten gehörte. Natürlich hat sie begierig auch alles gelesen, was der Sohn in Frankfurt und später in Weimar publiziert hat.

Mit viel Liebe haben die Eltern ihr erstes erhaltenes Kind aufwachsen lassen. Noch im Alter von 49 Jahren erinnert sich Frau Aja dankbar an ihre Eltern, dass ihre „Seele von Jugend auf keine Schnürbrust angekriegt hat, sondern daß Sie nach Hertzens lust hat wachsen und gedeihen, Ihre Äste weit ausbreiten können u.s.w und nicht wie die Bäume in den langweiligen Zier Gärten zum Sonnenfächer ist verschnitten und verstümmelt worden".

Mit „Schnürbrust" war tatsächlich nur die Seele gemeint, denn geschnürt wurde auch ihr Brustkorb. In der Barockzeit und noch lange darüber hinaus, war es Mode, schon den kleinen Mädchen mit Fischbein verstärkte Mieder anzulegen, um ihnen zu einer engen Taille zu verhelfen.

CATHARINA ELISABETH GOETHE

Es existiert kein Bild von dem heranwachsenden jungen Mädchen, nur ein Gemälde, das sie als schon verheiratete junge Frau zeigt. Nach ihren eigenen Angaben war sie groß, hatte ein ovales Gesicht, dunkelbraunes Haar und ebensolche großen, klugen Augen.

Als spätere Mutter gefiel es ihr nicht schlecht, wenn Zeitgenossen versicherten, dass der berühmte Sohn ihr auch im Äußeren gleiche. Sie schickte an Fritz von Stein, den Sohn der Weimarer Hofdame Charlotte von Stein, zwei Schattenrisse von sich und bemerkte dazu: „Viele Personen, wozu auch die Fürstin von Dessau gehört, behaupten, es wäre gar nicht zu verkennen, daß Goethe mein Sohn wäre. Ich kann das nun eben nicht finden, – doch muß etwas daran seyn, weil es doch so oft ist behauptet worden."

Catharina Elisabeth Textor war 17 Jahre alt, als sie mit dem 21 Jahre älteren Johann Caspar Goethe verheiratet wurde. Sie ist, wie es Sohn Wolfgang treffender nicht ausdrücken konnte „von der Schaukel in die Ehe gesprungen". Der Ehemann war ein Jahr älter als ihre Mutter und hätte ihr Vater sein können. Er hatte eine hervorragende Erziehung und Bildung, war wie ihr Vater, Doktor der Rechte, besaß den Titel eines kaiserlichen Rates und ein eigenes Haus, dazu ein beträchtliches Vermögen von 90 000 Gulden, welches ihr Schutz und eine standesgemäße Existenz bieten konnte. Außerdem war er, wie sie später einmal gegenüber der kleinen Brentano erwähnte, „ein schöner Mann", eine stattliche Gestalt. Da sie selbst sehr groß war, mag seine vollkommene Erscheinung für ihr Einverständnis mit entscheidend gewesen sein. Die Berufung auf den gleichen gesellschaftlichen Rang wird Caspar Goethes Vorhaben bestärkt haben, um die Hand der Tochter des höchsten Beamten der Stadt anzuhalten. Der beharrliche Bewerber hatte Erfolg. Catharina Elisabeth wurde zwar nicht lange gefragt, aber gezwungen wurde sie zu diesem Schritt nicht. Obwohl jung und unerfahren, war sie doch selbstbewusst genug, um sich und ihre „gute Partie" einzuschätzen. Ihre Mitgift betrug 10 000 Gulden, über die mit der Heirat der Ehemann Verfügungsgewalt hatte.

Als elfjähriges pubertierendes Mädchen baute sie schon einmal „ein geheimes Liebesverhältnis" zu einem Mann von „großer Schönheit" in ihrem Herzen auf, wie sie Bettine Brentano erzählt. Bedingt durch die gehobene Stellung ihres Vaters hatte sie viele Gelegenheiten, dem am 22. August 1742 im Frankfurter Dom gekrönten Kaiser Karl VII., sehr nahe zu sein, und schwärmte für ihn mit ihrer überbordenden Phantasie: „Himmel, was hatte der Mann für Augen! Wie melancholisch blickte er unter den gesenkten Augenwimpern hervor!"…

Da des Kaisers Residenz in München durch den bayrisch-österreichischen Erbfolgekrieg zerstört war, hielt er sich ca. acht Monate in Frankfurt auf. So nutzte sie alle Möglichkeiten, ihn überall dahin zu verfolgen, wo sie ihn beobachten konnte. Als er im April 1743 Frankfurt verließ, sprang sie spontan ans Fenster, um dem Kaiser beim Abschied zuzuwinken. Dabei stolperte sie über einen Nagel in den Dielen so heftig, dass sie sich eine feine, sternförmige Narbe am Knie zuzog, die sie lebenslang an ihre „erste Liebe" erinnerte.

Bei der Vermählung mit dem 38-jährigen Johann Caspar Goethe war von Liebe nicht die Rede, sondern dass sie „einander wert sind", was wohl eher auf die soziale Stellung beider Familien hinweisen sollte.

Die Festlichkeiten der Trauung fanden am 20. August 1748 im Gartenhaus des Onkels der Braut, Michael von Loen, statt – nicht in der Kirche. Seine Ehefrau, Katharina Sybilla Lindheimer, war die Schwester von Elisabeths Mutter. Wie die Verbindung zustande kam, ist unbekannt. Es ist zu vermuten, dass es Geheimrat und Schriftsteller Michael von Loen als seine Aufgabe ansah, eine standesgemäße Ehe zu vermitteln. Seine Sommervilla am Main, erbaut von Eosander von Göthe, war das ehemalige Meriansche Landhaus „Auf der Windmühle", Untermainkai 70. Sein Haus war der kulturelle Mittelpunkt der einflussreichen und gelehrten Gesellschaft der Stadt. Es war berühmt für seine Bibliothek, das Meriansche Kupferstichkabinett und vor allem für den märchenhaften, mit Rosen bepflanzten Skulpturengarten. Die zahlreichen lebensgroßen, allegorischen Sandsteinfiguren sind von dem Bildhauer Cornelius Andreas Donett (1682–1748) im Auftrag von Loen geschaffen worden. Einige davon befinden sich heute noch im Besitz des Historischen Museums, das Haus wurde 1925 abgerissen und dort 1932 das Gewerkschaftshaus errichtet.

CATHARINA ELISABETH GOETHE

Der Bräutigam, Johann Caspar, war ein gelehrter Mann, Privatier und stand in keinen Diensten. Er wurde am 19. Juli 1710 in Frankfurt geboren. Sein Vater, Friedrich Georg Goethe (1657–1730), war gelernter Schneidermeister, der aus Artern an der Unstrut in Thüringen stammte und es in Lyon und Paris zu großem Ansehen brachte. Durch die Auflösung des Edikts von Nantes 1685 durch Ludwig XIV. in Fontainebleau, mussten alle Protestanten Frankreich verlassen. Auf dem Weg zurück kam er über Frankfurt, heiratete 1687 Anna Elisabeth Lutz (1667–1700) und besaß bald eine bekannte Damenschneiderwerkstatt im „Haus zum Goldenen Rad", früher Große Sandgasse 17 (jetzt Gedenktafel am Haus Kornmarkt 8. Das Haus ist wahrscheinlich schon Ende des 18. Jahrhunderts abgerissen worden). Als seine Frau starb, heiratete er 1705 in zweiter Ehe die Witwe Cornelia Schelhorn geb. Walther (1668–1754) und übernahm ihre Weinhandlung samt Hotel „Weidenhof" an der Zeil, nahe der Hauptwache. Es wurde das Geburtshaus von Goethes Vater. Nachdem seine Mutter zum zweiten Male Witwe wurde, verkaufte sie den „Weidenhof" und erwarb am Großen Hirschgraben 23–25 zwei nebeneinander stehende Fachwerkhäuser, die sie mit ihrem einzigen verbliebenen Sohn aus dieser Ehe bezog. Da die zwei älteren Söhne starben, kam Johann Caspar als einziger Erbe zu einem stattlichen Vermögen, das ihm erlaubte, mit seiner zukünftigen Familie allein von den Zinsen gut zu leben. Erst nach dem Tode seiner Mutter vereinte er die beiden Fachwerkhäuser zu einem stattlichen barocken Bürgerhaus, in der Form wie wir es heute kennen.

An seinem Hochzeitstag, 1748, war Caspars Mutter Cornelia 80 Jahre alt, denn bei seiner Geburt war sie bereits im 42. und Vater Georg im 53. Lebensjahr. Ein „Abendkind", wie die Eltern ihr jüngstes Kind nannten.

Dagegen stand Catharina Elisabeths Mutter zur Vermählung ihrer ältesten Tochter mit ihren 37 Jahren in der Blüte ihres Lebens. Nach etlichen Berichten zu urteilen, muss sie eine besonders schöne und vor allem elegante Frau gewesen sein.

Vom Zeitpunkt der Hochzeit und des darauf folgenden Umzugs in das Haus „Großer Hirschgraben" an, wissen wir sehr viel über den weiteren Lebenslauf Catharina Elisabeth Goethes. Peinlich genau hat der Ehemann ein Haushaltsbuch über alle täglich anfallenden Ausgaben geführt. Ihre

CATHARINA ELISABETH GOETHE

Briefe, die Autobiographie des Sohnes „Dichtung und Wahrheit" sowie die zahlreichen Schilderungen ihrer jugendlichen Vertrauten Bettine Brentano und vieler anderer Zeitgenossen, ergeben ein recht umfassendes Bild.

Der Hirschgraben gehörte ehemals zu den Befestigungsanlagen der ersten Stadtmauer aus Staufischer Zeit. Als im 16. Jahrhundert die verfolgten protestantischen Glaubensflüchtlinge aus den Spanisch-Niederlanden in Frankfurt eine neue Heimat fanden, wurde der Graben zugeschüttet und zum Neubaugebiet erklärt. Viele Niederländer erwarben hier ein Grundstück. 1733 erwarb Cornelia Goethe die Häuser als Witwensitz. Sie waren ehemals von einem holländischen Goldschmied gebaut worden.

Mit 17 Jahren, fast noch ein Kind, hatte Catharina Elisabeth einen großen Haushalt mit Dienstboten zu führen.

Fast genau ein Jahr nach der Vermählung, am 28. August 1749, wurde schon ihr erstes Kind, Johann Wolfgang, geboren, „mit dem Glockenschlage zwölf" – getauft auf den Namen des Großvaters Textor. Die Geburt war eine drei Tage anhaltende Qual und gestaltete sich bis zum Schluss immer dramatischer. „durch Ungeschicklichkeit der Hebamme kam ich für tot auf die Welt" so Goethes Worte in „Dichtung und Wahrheit". Damit den Nachgeborenen eine bessere medizinische Behandlung zu Gute kommen sollte, führte der Großvater, Schultheiß Textor, einen Hebammenunterricht für die Zukunft ein. In dieser Zeit bedeutete jede Schwangerschaft und Geburt eine Lebensgefahr für die Mutter. Jede zehnte Frau starb an den Folgen.

Wieder ein Jahr darauf, am 7. Dezember 1750, brachte Catharina Elisabeth ihr zweites Kind zur Welt, Cornelia, genannt nach ihrer Schwiegermutter, die im Erdgeschoss des Hauses im besten Einvernehmen mit der jungen Frau lebte.

In den folgenden elf Jahren sind noch fünf weitere Kinder zur Welt gekommen, die trotz bester Pflege und Ernährung nicht überlebten. Goethe berichtet von seinen verstorbenen Geschwistern nur sehr knapp, obwohl er als Ältester die Trauer im Hause sehr bewusst miterlebt haben müsste.

CATHARINA ELISABETH GOETHE

1755 verstarb die kleine Catharina Elisabeth im süßesten Alter von zwei Jahren.

1756 gebar Catharina Elisabeth ein totes Kind. Die Erschütterungen gingen wohl über ihre Kräfte.

Das Jahr 1759 bedeutete für die Mutter das größte Unglück. Sie verlor gleich zwei ihrer Kinder, den schon siebenjährigen Hermann Jakob und das knapp zweijährige Töchterchen Johanna Maria.

Im Jahr 1761 bestattete man den kleinen Georg Adolf, dem nur eine Lebenszeit von sieben Monaten beschieden war. Johann Wolfgang hatte genau ein halbes Jahr davor seinen elften Geburtstag gefeiert. Catharina Elisabeth war gerade dreißig Jahre alt und hat danach keine Kinder mehr bekommen.

Nicht nur für die Mutter war das Gebären ein Risiko, sondern genauso für das Kind. Noch im 19. Jahrhundert starben ca. 50–60% der Säuglinge und Kleinkinder. Die Infektionskrankheiten machten vor keiner Tür halt. Der Schmerz über den Verlust eines Kindes ist deshalb nicht geringer gewesen als heute. Er wurde bewältigt durch die Kraft des Glaubens – das Leben lag in Gottes Hand.

Mit größter Sorgfalt widmeten sich die Eltern der Erziehung und Bildung ihrer beiden verbliebenen Kinder – der Vater durch Prinzipien und Gelehrsamkeit. Die Mutter versuchte mit Liebe und Diplomatie des Öfteren zwischen den Kindern und dem Vater zu vermitteln, wenn sie glaubten, dass ihnen gar zu viel abverlangt würde. Sie hatte Lust daran, mit den Kindern zu spielen, ihnen „Mährgen", Sagen, oder selbst erfundene Geschichten zu erzählen, die sie oft nicht zu Ende führte, sondern die Kinder aufforderte, sich einen eigenen Schluss auszudenken. Intuitiv förderte sie damit das Mitdenken und „Fabulieren". Sie war 19 Jahre alt, als Cornelia zur Welt kam und den Kindern altersmäßig näher als ihrem Ehemann.

Caspar machte auch bald seine Frau zu seiner Schülerin. „So hatte er meine Mutter in den ersten Jahren ihrer Verheiratung zum fleißigen Schreiben angehalten wie zum Klavierspielen und Singen; wobei sie sich genötigt sah, auch in der italienischen Sprache einige Kenntnis und notdürftige Fertigkeiten zu er werben."

So sah es der Sohn, als er seine Jugenderinnerungen aufschrieb. Die Bemerkung: „wobei sie sich genötigt sah" zeigt die Mutter als Objekt des pädagogischen Ehrgeizes des Vaters. Ob es Elisabeth auch so gesehen hat? Jedenfalls hat sie sich nicht darüber beklagt. Schließlich bedeutete es für sie eine Fortführung ihres durch die Heirat abgebrochenen Unterrichts. Die Liebe zur Musik, besonders für die italienischen Arien, bescherten dem Ehepaar und der ganzen Familie unvergesslich schöne gemeinsame Stunden. Auch die erworbenen Fertigkeiten im Cembalo- und Klavierspielen haben sich für sie im Laufe des Lebens als sehr vorteilhaft erwiesen und ihr über so manche Krisensituation hinweggeholfen.

Der Ehemann muss wohl mit seiner Schülerin sehr zufrieden gewesen sein. Kaum zu glauben, wie der als sonst so pedantisch und trocken geschilderte Herr Rat Dr. Johann Caspar Goethe sich im Haushaltsbuch zu äußerst zärtlichen und intimen Kosenamen für seine Frau hinreißen lässt. Da gibt es kostspielige Geschenke für „die süßeste Ehefrau", die „teuere Freundin", „liebste Caja", „süßeste Gefährtin", „Gefährtin des Bettes" usw.

Die Kinder wurden vom Vater in gleicher Weise und gemeinsam unterrichtet. Es war ungewöhnlich für die Zeit, dass Cornelia alles lernen musste, genauso wie der Bruder. Da erwies sich Caspar ganz als ein Mann der Aufklärung. Sie war hoch gebildet, konnte jedoch als Frau nicht viel mit ihrem Wissen anfangen. Bei der Erziehung der Tochter hatten die Eltern eine unglückliche Hand. Da die Mutter sehr früh auf den Sohn, ihren „Hätschelhans", fixiert war, Cornelia an der Strenge des Vaters litt und zusätzlich als junges Mädchen wenig männliche Beachtung fand, steigerten sich Minderwertigkeitskomplexe ins Pathologische. Sie konnte ihren späteren Mann Johann Georg Schlosser nicht lieben, verfiel in schwere Depressionen und starb nach der Geburt ihrer zweiten Tochter im Alter von 27 Jahren. Ein charakteristisches Frauenschicksal des 18. Jahrhunderts.

CATHARINA ELISABETH GOETHE

Mutter Aja dagegen, gesegnet mit einem zupackendem Naturell, innerlich gestärkt und gestützt durch tiefe Frömmigkeit findet Wege, ihre Unabhängigkeit zu bewahren – keine Selbstverständlichkeit zu ihrer Zeit.

„Es mögen wohl noch gute Menschen in Frankfurth seyn, villeicht verwundre ich mich einmahl in der Ewigkeit dass ich sie hir verkandt habe – aber vor der Hand, geht doch Frau Aja ihren pfad allein fort."
(1779, an Pastor Lavater).

Im hohen Alter bekennt sie ihre Lebensphilosophie dem Sohn in Weimar: „Ich freue mich des Lebens, weil noch das Lämpchen glüht – suche keine Dornen – hasche die kleinen Freuden – sind die Thüren niedrig, so bücke ich mich – kann ich den Stein aus dem Wege thun, so tue ich es. Ist er zu schwer, so gehe ich um ihn herum – und so finde ich alle Tage etwas das mich freut – und der Schluszstein – der Glaube an Gott! Der macht mein Hertz froh und mein Angesicht fröhlich."

Nicht immer ist ihr Herz und Angesicht fröhlich. Sie leidet unter dem Verlust der einzigen Tochter, der Sehnsucht nach dem vergötterten Sohn, der sich in Leipzig, Straßburg, Weimar oder auf Reisen aufhält und selten zurück nach Frankfurt kommt. Aber sie überlistet die quälenden Stimmungen durch Arbeit im Haus, Bildung in intellektuellen Zirkeln und durch einen umfangreichen Briefwechsel.

„nur das gegenwärtige gut gebraucht und gar nicht daran gedacht das es anders seyn könnte; so kommt man am besten durch die Welt" – schreibt sie an die Herzogin Anna Amalia.

An ihren Vertrauten Lavater: „wißt es ist jetzt eins meiner liebsten Beschäftigungen an die Freunde so meinen Hertzen nahe sind die Schmertz und Vergnügen mit mir theilen Briefe zu schreiben, ich lebe in dieser großen Stadt wie in einer Wüste".

Schon lange konnte Frau Aja keinen Trost mehr finden bei ihrer langjährigen Freundin, der Arzttochter Freifräulein Susanna Catharina von Klettenberg (1723–1774), denn sie verstarb schon ein Jahr bevor der Sohn das Elternhaus verlassen hatte. Sie war verlobt gewesen mit dem Frankfurter Juristen Dr. Johann Daniel von Olenschlager, hatte die Verbindung aber nach zwei Jahren gelöst, da er ihr Wissen und ihre vielseitige Bildung nicht achtete und über gelehrte Frauen spottete. Durch diese außergewöhnlich hochbegabte Frau findet Mutter Goethe Zugang in den Kreis der Herrnhuter Brüdergemeine, eine pietistische Glaubensgemeinschaft innerhalb der evangelischen Kirche, die sich u. a. auf Innerlichkeit, Frömmigkeit und Gleichrangigkeit zwischen Mann und Frau beruft, statt auf starre Strukturen der Amtskirche. Nach einem religiösen Offenbarungserlebnis entscheidet sich Susanna von Klettenberg bewusst, ihr Leben der Suche nach Gotteserkenntnis zu widmen und allein zu leben.

Susanna von Klettenberg übte große Faszination auch auf den jungen Goethe aus. Ihr konnte er sich anvertrauen, Hilfe und Rückhalt finden. Die vielen theosophischen und naturmystischen Gespräche, die er mit ihr führte, sind sehr deutlich im Faust wiederzuerkennen. Frau Aja war überglücklich, dass Goethe ihr in „Bekenntnisse einer schönen Seele", im 6. Buch von „Wilhelm Meisters Lehrjahre", ein literarisches Denkmal setzte. Er nannte Mutter und Freundin immer „Rat und Tat".

Obwohl Caspar Goethe als strenger Lutheraner den Herrnhutern fern stand, hatte er keinerlei Einwände, dass Aja ihnen auch ihr Haus für die Zusammenkünfte öffnete.

Je älter Johann Caspar wurde, desto größer wurde Ajas Einfluss innerhalb der Familie und des gesellschaftlichen Lebens außerhalb des Hauses und desto mehr wurde sie gebraucht. Als er nach zwei Schlaganfällen langsam dahinsiechte, pflegte sie ihn aufopferungsvoll. Die heiß ersehnten Einladungen nach Weimar schlug sie aus. Nichts hätte sie bewegen können, ihren Mann in seinem gegenwärtigen Zustand allein zu lassen. In ihrer bildhaften Sprache schreibt sie an Lavater: „Das Leben, das Er jetzt führt, ist wahres Pflantzenleben".

Er starb 1782 im Alter von 72 Jahren und wurde auf dem Friedhof der Peterskirche im Familiengrab der Familie seiner Mutter Cornelia Goethe geb. Walther beigesetzt. Der Sohn war zum Zeitpunkt der Beerdigung mit seinem Umzug in das Haus am Frauenplan beschäftigt, erschien nicht zur Beisetzung und konnte seiner Mutter in diesen schweren Stunden nicht beistehen. Schon kurz vor Caspars Tod wurde vom Frankfurter Schöffengericht ein Vormund für Catharina Elisabeth bestellt. Einer Witwe war es nicht gestattet, ihr eigenes Vermögen zu verwalteten. Erst durch einen späteren Antrag ihres Sohnes an den Rat der Stadt erhielt sie die alleinige Verfügungsgewalt.

Die nun 51-jährige Frau Aja ist allein in dem großen Haus und lebt fortan ihr Leben als Mutter eines berühmten Sohns. Der Besucherstrom zum Hirschgraben reißt nicht ab. Von überallher kommen Goetheverehrer, Künstler, Poeten, Studenten, Professoren, Aristokraten, insbesondere seine Freunde aus Weimar und wollen die Mutter des berühmten Dichters kennenlernen. Allen gibt sie bereitwillig Auskunft und ist ihnen eine gute Gastgeberin. Mit so manchen dieser Besucher schließt sie lebenslange Freundschaften und ernennt sie zu ihren „Kindern". Wieland und der Musiker Kranz nennen ihr Haus sogar „Casa santa" und möchten am liebsten zum heiligen Haus an die unvergessliche Tafelrunde wieder zu ihr zurückfliegen. Plötzlich steht sie in der Öffentlichkeit. Sie stellt fest, dass andere Frauen, wie die von Staël, von Recke und von La Roche in Deutschland herumreisen, um berühmte Leute zu treffen; zu ihr aber kommen sie alle ins Haus. So fällt ein wenig Glanz auch auf sie.

Jetzt ist sie nicht mehr ans Haus gefesselt; befreit von Druck und Sorgen, könnte sie den Sohn in Weimar besuchen, aber eine Einladung erfolgt nicht. Im April 1783 stirbt ihre Mutter. Die Eltern, der Ehemann, sechs ihrer Kinder sind tot, der einzige Sohn fern. Sie fühlt sich einsam in dem leeren Haus. „Den da ists so still und öde, wie auf einem Kirchhof".

Das Theater, von jeher ihre große Leidenschaft, wurde eine willkommene Therapie gegen die Einsamkeit. Fast täglich besuchte sie die Vorstellungen und lud die Schauspieler anschließend in ihr Haus zur geselligen Runde. Bei diesen Gelegenheiten lernte sie ein neues Mitglied der Frankfurter Theatertruppe kennen, den viel gelobten, talentierten Carl Wilhelm Ferdinand Unzelmann, einen Schauspieler ersten Ranges. Frau Aja ist 53 Jahre alt und verliebt sich, vielleicht zum ersten Mal in ihrem Leben, leidenschaftlich in den 31-jährigen Künstler, der vier Jahre jünger war als ihr Sohn. Die Anziehungskraft dieses Mannes erwuchs aus seinen Begabungen als Komödiant, die großzügige Art und Weise das Leben in vollen

CATHARINA ELISABETH GOETHE

Zügen zu genießen und vor allem aus seinem Humor, den Catharina Elisabeth bei ihrem Ehemann immer vermisst hatte. Sie überschüttete ihn mit Briefen (29 sind erhalten), lieh ihm viel Geld, wenn er Schulden nicht zurückzahlen konnte und machte ihm kostbare Geschenke. Drei Jahre ist Frau Rat in Hochstimmung. Sie ist regelrecht beflügelt, verjüngt, aktiv, modernisiert ihr Haus, kauft sich modische Kleidung, macht sich schön – mit einem Wort: sie ist glücklich.

Elisabeth riskierte viel, denn das Verhältnis blieb nicht unbemerkt in der Frankfurter Gesellschaft. Umso größer war ihre Enttäuschung, als er, ohne von ihr Abschied zu nehmen, heimlich Frankfurt verlässt, unter Zurücklassung aller Schulden, um in Berlin ein Engagement zu übernehmen. Die sonst so gelassene Frau Aja ist außer Fassung über die Täuschung und Demütigung. Grenzenlos ist ihr Schmerz. Sie reagiert verbittert in ihren Briefen, die sie dem labilen Untreuen schreibt. „Die Qual, die ich jetzt leide, ist unaussprechlich" oder „ich bin krank an Leib und Seele" und dass sie „den Glauben an Menschen verlohren hat"…

Doch allmählich fasst sie sich wieder, wenn auch mit zwischenzeitlichen Schwankungen. Intensives Klavierspielen ist jetzt ein Heilmittel für ihre verletzte Seele. Die Einquartierung der fürstlichen Kinder aus dem Hause Mecklenburg-Strelitz, Georg, Luise und Friedericke, die im Jahre 1790 zur Wahl und Krönung Leopold II. in Frankfurt in ihrem Haus weilten, die kriegerischen Auseinandersetzungen mit Frankreich und schließlich die alles heilende Zeit tun ein übriges, um sie von ihrem Kummer abzulenken. Es war eine der bittersten Phasen ihres Lebens, und trotz allem bezeichnet sie sie später als die glücklichste ihres Daseins.

Im Jahre 1792 erlebt Catharina Elisabeth noch einmal eine Kaiserkrönung in Frankfurt. Franz II. wurde der letzte Kaiser des untergehenden Heiligen Römischen Reiches und es sollte auch die letzte Krönung in Mutter Goethes Leben sein.

Ein Jahr später, als Goethe seine Mutter kurz vor Weihnachten um eine Spielzeug-Guillotine als Weihnachtsgeschenk für seinen vierjährigen Sohn August bat, schrieb sie ihm einen bemerkenswerten Brief, der noch heute wie für die Zukunft aktuell ist: „Lieber Sohn! Alles was ich dir zu gefallen thun kann, geschieht gern und macht mir selbst Freude – aber eine solche jnfame Mordmaschine zu kaufen – das thue ich um keinen preiß – wäre ich Obrigkeit die Verfertiger hätten an Halseißen gemusst – und die Maschine hätte ich durch den Schinder offendtlich verbrennen laßen – was! Die Jugendt mit so etwas abscheuliches spielen zu laßen – ihnen Mord und Blutvergießen als Zeitvertreib in die Hände geben – nein da wird nichts draus."

Die Guillotine, eigens als effektives Mordinstrument während der Französischen Revolution entwickelt und zigtausendfach eingesetzt, wurde danach ein modisches Spielzeug, das auf der Frankfurter Messe angeboten wurde und gekauft werden konnte. Dass Catharina Elisabeth ihrem geliebten Sohn den Wunsch für ein Kriegsspielzeug verweigerte, bewies wieder einmal ihr feines Gespür im erzieherischen Umgang mit Kindern, das sie schon als junge Mutter besaß und auch als Großmutter bewahrt hatte.

Das große Haus wird allmählich für sie zu einer Belastung. 1795 verkauft sie das Haus am Großen Hirschgraben und findet im modernen Stadtviertel am Roßmarkt eine geräumige Wohnung in der zweiten Etage des Hauses „Zum goldenen Brunnen" (das Haus wurde 1895 abgebrochen – heute Hauptwache 8). Der bevorstehende Umzug erfordert nochmals einige Anstrengungen. Sie ist begeistert von der neuen Umgebung und der interessanten Aussicht auf die Hauptwache. „ohne allen streit das erste Hauß in Frankfurt" oder „Wie konnte ich nur 46 Jahre auf dem Hirschgraben wohnen!" berichtete sie dem Sohn nach Weimar, der ihr zum Umzug geraten hatte.

Trubel und zahlreiche Besucher hat sie auch hier kaum zur Ruhe kommen lassen. Der lang herbeigesehnte „Göttersohn" kam endlich zu Besuch. Sie lernte seine spätere Frau Christiane und den Enkel August kennen.

Prinz Georg von Mecklenburg-Strelitz holte sie mit einer vierspännigen Kutsche ab, um sie ins Palais Thurn und Taxis einzuladen, wo seine Schwester Luise, die legendäre Königin von Preußen auf sie wartete. „Ich hatte einen Nimbus ums Haupt, der mir gut zu Gesicht stand, …" Die heiteren Tage, die die Fürstenkinder einst als Gäste in ihrem Haus verbrachten, waren ihnen unvergesslich geblieben.

CATHARINA ELISABETH GOETHE

Im Sommer 1803 lud Königin Luise sie nach Wilhelmsbad ein, wo Frau Aja auch ihren Ehemann König Friedrich Wilhelm III. kennenlernte und Herzog Carl August von Weimar wiedersah. Dies alles waren Höhepunkte in Catharina Elisabeths letzten Lebensjahren.

Ein Ereignis anderer Art war für die reichsstädtisch geprägte Schultheißentochter der Sieg Napoleons über das Heilige Römische Reich im Jahre 1806. Das damit verbundene Ende von Frankfurts Selbstständigkeit war für sie kaum vorstellbar. In ihrer trefflichen Ausdrucksweise meldet sie dem Sohn im August 1806: „Mir ist übrigens zu Mute, als wenn ein alter Freund sehr krank ist; die Ärzte geben ihn auf, man ist versichert, daß er sterben wird, und mit all der Gewißheit wird man doch erschüttert, wenn die Post kommt, er ist tot" …

Aber auch die Vorteile der modernen Zeit entgehen ihr nicht. Sie erlebt noch den Abriss der Stadtmauer und die Neugestaltung und Erweiterung Frankfurts: „die alten Wälle sind abgetragen die alten Thore eingerissen um die ganze Stadt ein Park man glaubt es sey Feerey – man weiß gar nicht mehr wie es sonst aus gesehen hat – unsere alten Perücken hätten so was biß an den Jüngsten Tag nicht zu wegen gebracht – bey dem kleinsten Sonnenblick sind die Menschen ohne Zahl vor den Thoren Christen – Juden – pele mele alles durcheinander in der schönsten Ordnung" …

Ihre letzte Lebenszeit wurde verschönt durch die Freundschaft mit der jugendlichen Bettine Brentano, später verh. von Arnim (1785–1859). Sie war eine emanzipierte junge Frau von 21 Jahren und trotzte allen Konventionen. Ihr Geburtshaus „Haus zum Goldenen Kopf" in der Großen Sandgasse 12 (1944 durch Bombenangriffe zerstört) lag nicht weit von der Wohnung der Rätin Goethe. Auf dem Dachboden von Bettines Großmutter Sophie von La Roche in Offenbach fand sie 43 Liebesbriefe aus Goethes Jugendzeit, gerichtet an ihre verstorbene Mutter Maximiliane La Roche. Als eine glühende Goetheverehrerin war dieser sensationelle Fund für sie ein Grund, die alte Dame am Roßmarkt aufzusuchen. Catharina Elisabeth war begeistert von dem temperamentvollen Mädchen, das sie ermunterte, ihr alles aus Kindheit und Jugend des berühmten Sohnes zu erzählen. Diese Lebenserinnerungen verarbeitete Bettine für ihr eigenes Werk „Goethes Briefwechsel mit einem Kinde", welches sie nach Goethes Tod

CATHARINA ELISABETH GOETHE

1835 herausgab. Frau Ajas letzter erhaltener Brief, geschrieben am 28. August 1808, am 59. Geburtstag ihres Sohnes, galt Bettine. Darin nennt sie sie: „Liebstes Vermächtnüs meiner Seele" … „das ich Gott auch für dich dank als meine Beste Freud hier auf Erden in der mir alles genossene aufs neue lebendig geworden ist; ..."

Mutter Goethes Gesundheitszustand verschlechterte sich zusehends. Ihr Neffe, der in Frankfurt bedeutende Arzt, Dr. Georg David Melber, behandelte sie. Er war der Sohn ihrer liebsten Schwester Johanna, die im „Haus zum jungen Esslinger" am Hühnermarkt mit ihrem Mann Georg Adolf eine Materialhandlung (Drogerie) betrieb. (Nach Abriss des Technischen Rathauses wird das „Haus von Tante Johanna Melber" rekonstruiert und ein Teil der Neuordnung des Römerbergbereiches werden.) Frau Aja hatte ihrem Neffen das Medizinstudium ermöglicht. Der Neffe, nicht der geliebte Sohn, war bei ihr bis zur letzten Stunde ihres Lebens.

Am 13. September 1808 gegen Mittag 12.00 Uhr starb die Siebenundsiebzigjährige nach kurzer Krankheit. Alle Begräbnisformalitäten hatte sie im Voraus geordnet. Zwei Tage später wurde sie auf dem Petersfriedhof im Textorschen Familiengrab bestattet.

Elf Jahre hatte der Sohn die Mutter nicht aufgesucht. Diesbezüglich kam nie ein Vorwurf von ihrer Seite. Stets hatte sie ihm Sorgen oder Enttäuschungen verschwiegen und sich als „Frohnatur" geäußert. Obwohl der über alles geliebte Sohn nicht an ihrem Totenbett stand, scheint sie leicht Abschied genommen zu haben. Sie besaß die Fähigkeit ihren Platz im Leben zu wählen und eigenständig ihr Leben zu führen. Ihre Liebe zu den Menschen, ihr unerschütterliches Vertrauen auf Gott und die Gewissheit von ihm angenommen zu sein, haben ihr die heilende Kraft gegeben, den Tod gelassen zu erwarten. Das Haus war bestellt.

Wie heißt es doch in einem ihrer Briefe? – „Denn im fünften Akt soll applaudiert und nicht gepfiffen werden!"

GUDULA ROTHSCHILD
(1753–1849)

„Es kommt nicht zum Krieg.
Meine Söhne werden kein Geld dafür geben!"

Gudula Rothschild

Im westlichen Teil des Ostends, genau an der Ecke Battonstraße/Konrad-Adenauer-Straße, befindet sich das „Museum Judengasse". Es ist Teil der dahinter liegenden Jüdischen Gedenkstätte.

Das Museum zeigt die Geschichte der Frankfurter Juden aus der Judengasse, einem im Jahre 1462 von der Stadt eingerichteten abgeschlossenen ca. 300 m langen Ghetto hinter der Staufenmauer.

Erst 1864, als die Juden in Frankfurt bürgerliche Gleichstellung per Gesetz erhielten, konnten sie die enge Gasse verlassen und dort wohnen, wo sie wollten. Die Häuser verfielen und wurden Ende des 19. Jahrhunderts von der Stadt abgerissen. Nur ein Haus durfte stehen bleiben, das Stammhaus der legendären Finanzdynastie Rothschild, die heute eine europäisch-amerikanische Familie ist. Das schmale Ghettohaus wurde eine touristische Sehenswürdigkeit, vergleichbar mit dem Goethehaus am Großen Hirschgraben. Wie so viele andere historische Gebäude der Frankfurter Innenstadt fiel es am 18.3.1944 einem Bombenangriff zum Opfer, so dass wir heute davon nichts mehr sehen können.

Als man 1987 ganz in der Nähe des früheren Judenmarktes die Baugrube für ein städtisches Verwaltungsgebäude aushob, stieß man auf 19 Keller der ehemaligen Judengasse. Nach dreijährigen Kontroversen zwischen Bürgerinitiativen, der Stadt Frankfurt und der jüdischen Gemeinde wurden fünf Keller konserviert und als „Museum Judengasse" eingerichtet. Es ist heute ein Ort der Information, Dokumentation mit Schautafeln und Datenbank über die Entstehung, Entwicklung und das Ende des Ghettos und seiner Bewohner.

Nicht allen heutigen Besuchern des Museums ist von vornherein bewusst, dass hier eine große Geschichte begann und mit dem Namen Rothschild Geschichte machte.

GUDULA ROTHSCHILD

Alle Welt spricht vom Stammvater Mayer Amschel Rothschild (1743/4 – 1812) und seinen fünf vorwärtsstrebenden Söhnen, den sog. „Fünf Frankfurtern", weil sie in Europa des 18./19. Jahrhunderts durch Gründung neuer Bankniederlassungen mit erstaunlicher Schnelligkeit einen triumphalen Aufstieg erfuhren. Meterlange Buchreihen füllen die Bibliotheken über Vater und Söhne. Da blieb nicht viel Raum für die Stamm-Mutter und die großzügigen weiblichen Nachfahren, wovon die vierte Generation der Frankfurter Linie besonders zahlreich war.

Hier soll nun von der Stamm-Mutter Gudula Rothschild, „Gutle" oder „Gütel" genannt, die Rede sein. Die Rothschilds wären nicht die Rothschilds geworden, wenn nicht das vorbildliche Familienleben und die beispiellose Fürsorge von Gutle gewesen wären.

Gutle war die Tochter des Ehepaares Schnapper aus der Judengasse. Ihr Vater, Wolf Salomon Schnapper, ein vermögender Kaufmann und Hoffaktor für das Fürstentum Sachsen-Meiningen, war Eigentümer des Hauses „Zur Eule", das unweit vom Haus „Hinterpfann", dem Geburtshaus ihres zukünftigen Ehemannes Mayer Amschel Rothschild lag. Amschels Vorfahren stammten aus dem „Haus zum roten Schild"; obwohl sie aus finanziellen Gründen später in ein Hinterhaus umziehen mussten, behielten sie den ersten Hausnamen als Familienname: „Rothschild".

Auch Mayer Amschel hatte den Titel eines Hoffaktors vom späteren Kurfürsten Wilhelm von Hessen-Kassel verliehen bekommen. Die gleiche gesellschaftliche Stellung mag bei den Verhandlungen über die bevorstehende Ehe eine Rolle gespielt haben. Den damaligen Gepflogenheiten entsprechend war es eine arrangierte Ehe.

Die Vermählung der siebzehnjährigen Gutle mit dem sechsundzwanzigjährigen Amschel fand am 29. August 1770 statt. Gutle war ein hübsches Mädchen, konnte gut kochen, war fleißig, kräftig, sparsam und brachte eine stattliche Mitgift in die Ehe. Das alles galt als „gute Partie" und Voraussetzung für das Gelingen einer Ehe.

Sie zogen in das „Haus Hinterpfann", welches sie sich mit den Familien zweier Brüder Amschels teilen mussten. Drei Achtel des Hauses gehörten dem jung vermählten Paar. Sechs Kinder hat Gutle dort geboren, den Haushalt geführt, außerdem das Einlösen und Ausstellen von Wechseln übernommen.

Ihr Mann handelte mit allem, was Geld abwarf, mit Antiquitäten, Münzen, Tuchen, Lebensmitteln und stieg schließlich ins Bankgeschäft ein. Das Geschäft florierte. Er wurde einer der reichsten Männer der Judengasse. Sein Jahreseinkommen belief sich auf das Dreizehnfache dessen, was seine Zeitgenossen, die Patrizierfamilie Goethe, besaß.

So konnten sie endlich ein größeres Haus an der Straßenfront, das „Haus zum grünen Schild" erwerben. Es war genau genommen nur die Hälfte eines Giebelhauses, hatte vier Geschosse, ein kleines Kontor, einen eigenen Brunnen mit Pumpe, einen Keller mit Geheimgängen und zur Erholung einen Dachgarten mit Topfpflanzen. Dort hat der Vater den Töchtern das Züchten und Pflegen von Pflanzen gezeigt. Öffentliche Grünanlagen oder Gärten in der Stadt waren für Juden nicht zugänglich. Zum Laubhüttenfest „Sukkot", dem Fest der Freude, wurde der Dachausschnitt festlich geschmückt und dabei an das Leben in Hütten beim Auszug der Israeliten aus Ägypten gedacht.

Die winzige Küche hatte nur eine Feuerstelle, worauf die Mutter die Mahlzeiten für die immer größer werdende Kinderschar zubereitete. In den verschiedenen Büchern über die Rothschilds variiert die Anzahl der Kinder zwischen siebzehn und zwanzig.

Zehn Kinder haben das Erwachsenenalter erreicht, fünf Söhne und fünf Töchter. Über die frühe Zeit ihrer Ehe weiß man sehr wenig. Wahrscheinlich sind die anderen Kinder sehr früh gestorben und als Kleinkinder seinerzeit nicht registriert worden. Zwischen 1735 und 1785 war die Kindersterblichkeit im Ghetto um 58 % höher als im übrigen Frankfurt.

In der „grünen Wohnstube", genannt nach der Farbe der Polstermöbel, saß Gudula am Fenster, nähte, stopfte, strickte unermüdlich für die ganze Familie. Daran hat sie bis ins hohe Alter festgehalten.

GUDULA ROTHSCHILD

Während die erwachsenen Söhne später in den prächtigsten Palästen Europas in Luxus lebten, blieb sie in der Judengasse bis zu ihrem Tode. Sie reiste nicht, sondern ließ ihre Kinder und Enkelkinder zu Besuch nach Frankfurt kommen und vermittelte ihnen dadurch das Bewusstsein und das Interesse an ihrem Ursprungsort.

Alle neuen Familienmitglieder mussten der alten Dame ihre Aufwartung machen, wenn sie in die Familie aufgenommen werden wollten. Wurde wieder einmal eine Hochzeit gefeiert, so sollte sie möglichst in Frankfurt stattfinden. Gelang das nicht in allen Fällen, so mussten die Neuvermählten zumindest unverzüglich danach bei ihr im „grünen Salon" erscheinen, möglichst noch in voller Pracht der Hochzeitsgewänder. Das waren feierliche Rituale, in denen das einzigartige Selbstverständnis der Familie zum Ausdruck kam.

Als im Revolutionsjahr 1830 eine solche glanzvolle Gesellschaft abgefahren war, kamen die Nachbarn besorgt zu ihr gelaufen und fragten sie nach Neuigkeiten über die politische Lage aus der weiten Welt. Da fiel ihr berühmtes Bonmot, in dem sie schlicht und einfach sagte: „Es gibt keinen Krieg, meine Söhne werden kein Geld dafür geben!"

Der dänische Dichter Hans Christian Andersen schrieb nach seinem Besuch in Frankfurt eine rührende kleine Geschichte über Mutter Rothschild; wie sie in ihrem Sessel sitzend mit Spitzenhäubchen über der Perücke und einem Ebenholzfächer in der Hand, ihre Besucher empfing. Gesetzestreue Jüdinnen trugen unter der Haube eine Perücke, die man jiddisch „Scheitl" nannte – ein alter Brauch, um aus Keuschheit das Haupthaar zu bedecken. Er schildert, wie die prächtigen Karossen ihrer Söhne nicht bis vor das Haus fahren konnten und der Besuch durch die schmutzige Gasse zu Fuß laufen musste. Den Damen sei es oft schwer gefallen, sich mit ihren vornehmen Toiletten durch den Eingang und die schmale, steile Treppe nach oben zu zwängen.

Die Töchter wurden von ihr sorgfältig vorbereitet auf ihre spätere Berufung als Ehefrau, Hausfrau, Mutter, Erzieherin der Kinder und Übermittlerin der jüdischen Traditionen und Religion. Der Vater dagegen hat die

GUDULA ROTHSCHILD

Söhne in die Geschäfte eingeweiht. Alle finanziellen Verhandlungen wurden genau untereinander abgesprochen und geheim gehalten.

Als Vater Amschel 1812 im Alter von 68 Jahren starb, bestimmte sein Testament, dass seine Frau Gudula und die Töchter samt „Töchtermännern" vom Erbe ausgeschlossen waren und sie auch nicht befugt seien, Einsicht in die Geschäftsbücher zu verlangen. Das erworbene Geschäftsvermögen der fünf Söhne wurde gleichmäßig und gerecht unter ihnen aufgeteilt. Seinen eigenen Anteil übergab er den Söhnen mit der Maßgabe, ihn zu Gunsten Gutles und der fünf Schwestern zu verwenden. Demgemäß war es nur ein Bruchteil dessen, was die Söhne erhielten. Die Benachteiligung weiblicher Hinterbliebener war keine spezifisch jüdische Gepflogenheit, sondern hatte auch in christlichen Familien Tradition. Sehr eindringlich wurden die Söhne zur Einigkeit und Redlichkeit ermahnt, sich in Freundschaft zu begegnen und in Liebe für die Mutter zu sorgen, was sie in hinreichendem Maße auch stets erfüllt haben.

Gudula wurde aus materieller Sicht eine der reichsten Frauen der Stadt. Juristisch betrachtet, war sie allerdings mittellos. Ihre existentielle Lage war abhängig vom Wohlwollen der Söhne.

Die Töchter bekamen noch eine ordentliche Mitgift, die bei einer eventuellen Scheidung an sie wieder ausgehändigt werden musste. Außerdem wurde ihnen erlaubt, christliche Adlige zu ehelichen. Die Mutter, nicht der Vater, ist die Trägerin der jüdischen Religion an die Nachkommenschaft, das ist von jeher der Brauch. Durch den vom Vater gefassten Entschluss, blieb die Religion in der Familie erhalten und Macht kam durch den Adel noch hinzu.

Die Söhne dagegen sollten in jedem Falle nur jüdische Bräute heiraten.

Wie die Habsburger entwickelten die Rothschilds ein dynastisches Prinzip, dass die beste Partie die Verheiratung mit einem anderen Mitglied der Familie ist. Das Geld blieb in der Familie und außerdem zögerte man, Fremde in den Clan aufzunehmen. So kam es, dass ein hoher Prozentsatz der Ehen zwischen Onkel und Nichte oder Cousin und Cousine geschlossen wurde. Damit wurde eine Voraussetzung für den Erhalt der wirtschaftlichen und gesellschaftlichen Spitzenposition in Europa geschaffen.

Heinrich Heine quittierte dieses Phänomen folgendermaßen: „Unter den Rothschilds herrscht große Eintracht. Sonderbar, sie heiraten immer untereinander und die Verwandtschaftsgrade kreuzen sich dergestalt, dass der Historiograph einst seine liebe Not haben wird mit der Entwirrung dieses Knäuels."

Die aufwendigen Hochzeitsfeiern wurden von der damaligen Presse in ganz Europa publiziert und von den Lesern fasziniert aufgenommen.

Gutle dagegen lebte unbeirrt ihr bescheidenes Leben im schmalen Ghettohaus in Frankfurt weiter. Sie schrieb Rundbriefe an die in märchenhaften Schlössern wohnenden und in den erblichen Adelsstand erhobenen Söhne und überhäufte sie mit wertvollen Geschenken. Wie eh und je schickte sie ihnen Kostproben ihrer hausfraulichen Fähigkeiten, wobei handgenähte Hemden und selbst gebackener Kuchen ihre besondere Spezialität waren.

Trotz wiederholter Versuche, Gudula Rothschild zu bewegen, in ein komfortables Haus umzuziehen, weigerte sie sich standhaft, das alte Haus zu verlassen. „Hier habe ich sie reich und mächtig werden sehen". Es schien ihr eine Sünde, der Nachkommenschaft die Erinnerung an ihre Herkunft zu nehmen.

Sie wurde eine berühmte Persönlichkeit in Frankfurt. Ihre Geburtstage im hohen Alter waren ein großes Ereignis in der Stadt. Hoheiten aus ganz Europa kamen, um sie zu würdigen und zu ehren.

Als ihr jemand zum 94. Geburtstag einen Wunderdoktor empfahl, der seine Patienten um zwanzig Jahre verjüngen könnte, erwiderte sie: „Die Leute denken immer, dass ich jünger werden will. Das stimmt nicht, ich möchte älter werden."

Ein anderer Kavalier schmeichelte, indem er bemerkte, dass sie von solch robuster Konstitution sei, und dass sie bestimmt alle anwesenden Gäste überleben werde, da antwortete sie in der Börsensprache ihrer Söhne:

GUDULA ROTHSCHILD

„Warum soll Gott mich mit 100 haben wollen, wenn er mich mit 94 haben kann."

Am Ende war sie müde und schwach. „Ich habe zu viele Kinder gehabt", sagte sie zu einer Gratulantin, „schöpft man doch dadurch den tiefsten Brunnen aus".

Am 7. Mai 1849 im 96sten Lebensjahr starb sie in ihrem Haus „Zum grünen Schild" in der Judengasse. Sie hatte ihren Mann um 37 Jahre überlebt.

Ihr bescheidenes Grab ist dadurch nicht neben ihrem Ehemann Mayer Amschel auf dem Battonfriedhof (1828 geschlossen), sondern auf dem damals neuen jüdischen Friedhof an der Rat-Beil-Straße zu finden.

LILI SCHÖNEMANN
(1758–1817)

Goethes einzige Verlobte

„Liebe! Liebe! Lass mich los!"

Lili Schönemann

Wenn von Frauen um Goethe die Rede ist, denken die meisten Menschen an Frau von Stein, Christiane Vulpius oder an Bettine von Arnim. Aber dass Goethe schon mit einer Frankfurterin verlobt war, bevor er nach Weimar ging, ist weitestgehend unbekannt. Natürlich nicht unbekannt ist diese Tatsache den Frankfurtern, denn die lieben ihren Goethe und alles was sich um ihn in der Stadt ereignet hat und haben seine Lebenserinnerung „Dichtung und Wahrheit" gelesen. In diesem Buch erfahren wir nicht nur etwas über das Leben im alten Frankfurt und vom Verfasser selber, sondern auch über seine Liebe zu der Frankfurter Bankierstochter Anna Elisabeth Schönemann. Im vierten und letzten Teil seiner Memoiren, in den Büchern 16 bis 20 erzählt er uns den Beginn und das Ende dieser Liebe. Geschrieben hat er sie aus der Distanz – als Bekenntnis eines alten Dichters.

Sie selbst hat nach der Trennung von Goethe jedes Stück Papier, das sie an ihn erinnerte, vernichtet und zwar mit aller Gründlichkeit, die ihrem Wesen entsprach. Somit lässt sich das Verhältnis nicht detailliert nachvollziehen, sondern nur aus der Perspektive des Dichters verfolgen und aus anderen indirekten Quellen betrachten: Beurteilungen aus Briefen und Tagebüchern der engsten Familienangehörigen, Verwandten, Freunden und Bekannten von beiden Seiten des Paares. Vor allem aber charakterisieren Goethes Gedichte aus der Zeit des Werbens und der komplizierten Verlobungszeit das anfängliche Glück, die Zweifel, Schwächen und den schmerzlichen Abschied.

Goethes Adlatus Eckermann beurteilte, auf Grund der später geführten Gespräche mit dem Dichter, die Frankfurter Liebe als den Höhepunkt der Jugendjahre Goethes:

Es war „ein zartes, anmutiges, leidenschaftliches Liebesverhältnis, heiter im Entstehen, idyllisch im Fortgang, tragisch am Ende durch ein stillschweigendes Entsagen."

LILI SCHÖNEMANN

Lili, wie Goethe sie nannte – sie selber bevorzugte später die Anrede „Liese" und „Eliese" – war 16 Jahre alt, als der 25-jährige Johann Wolfgang Goethe sie im Hause ihrer Eltern zur Jahreswende 1774/75 kennenlernte. Sie war die einzige Tochter neben vier älteren Brüdern des Bankiers Johann Wolfgang Schönemann (1717–1763) und Susanna Elisabeth geb. d'Orville (1722–1782). Die Vorfahren mütterlicherseits waren adlige Hugenottenfamilien aus der Gegend von Cambrai/Nordfrankreich, die sich Mitte des 17. Jahrhunderts in Frankfurt und Offenbach niedergelassen und es zu großem Reichtum gebracht hatten. Vater Schönemann verstarb schon 1763 während des Siebenjährigen Krieges, als Lili vier Jahre alt war. Nach seinem Tode haben die Witwe und der älteste Sohn die Leitung des Bankhauses übernommen. Sie ließen das Renaissancehaus „Liebeneck" am Kornmarkt 15 abreißen und 1770 stattdessen ein neues Rokokopalais erstellen, welches in den Kosten dreimal so teuer war, wie der Umbau des unweit gelegenen Goethehauses am Hirschgraben im Jahre 1755 durch Goethes Vater Johann Caspar. Der Neubau des Palais' hat einen beträchtlichen Teil des damals noch vorhandenen Vermögens verschlungen.

Das Haus „Liebeneck" ist in den Bombennächten im März 1944 zerstört worden. Nach dem Krieg wurde an dieser Stelle der Bundesrechnungshof errichtet.

Das „Schönemannhaus" besaß außer den Geschäftsräumen auch Stallungen, repräsentative Salons für große Gesellschaften, einen mondänen Tanz- und Konzertsaal mit Supraporten, Spieltischen, eleganten Möbeln und einem Flügel. Das große zentral gelegene Treppenhaus hatte an beiden Seiten ein Rokokogeländer, ähnlich dem des Goethehauses. Die Wände waren mit kostbaren bemalten Wachstuchtapeten bedeckt, angefertigt von der Firma Nothnagel, die auch Goethes Vater für sein Haus beauftragt hatte.

Die Besucher, die im Hause ein- und ausgingen, teils der Geschäfte wegen, teils zum Privatvergnügen, waren allesamt schwer reich, aristokratisch oder aus der Großbourgeosie. In diese Gesellschaft trat Goethe ein, als ein Freund ihn bat, mit ihm ein Konzert in dem angesehenen reformierten Handelshaus zu besuchen. Lili spielte gerade eine Sonate auf dem Flügel, den man mitten in den Saal platziert hatte. Sie selbst war der strahlende Mittelpunkt dieser Salongesellschaft. Goethe war sofort beeindruckt von der Fertigkeit ihres Spiels, ihrer kapriziösen Anmut und ihrer Schönheit.

In „Dichtung und Wahrheit":
„Ich stand am unteren Ende des Flügels, um ihre Gestalt und Wesen nahe genug bemerken zu können. Sie hatte etwas Kindartiges in ihrem Betragen, die Bewegungen wozu das Spiel sie nötigte, waren ungezwungen und leicht."

Auch er fühlte sich von ihr beobachtet und bemerkte, dass er „ganz eigentlich zur Schau stand" und spürte sofort eine „Anziehungskraft von der sanftesten Art". Seit ihrem ersten Zusammentreffen ging ein Zauber von ihr aus, dem er sich in der Folge nicht mehr entziehen konnte. Sie selbst leugnete nicht, dass sie eine gewisse Gabe habe, andere Menschen anzuziehen.

Lili war nicht nur schön und intelligent, sie war dazu noch von einer Güte, Freundlichkeit und Ernsthaftigkeit, die man, gemessen an ihrem Alter, ihr nicht zutraute. Sie bestritt die Konversation mit der Leichtigkeit einer Weltdame, war gut erzogen und gebildet, genauso wie Goethe es von seiner Schwester kannte.

Goethe war schon berühmt als Verfasser des „Ersten Faust" (Urfaust), „Clavigo", „Götz von Berlichingen" und vor allem als Autor des Liebesromans „Die Leiden des jungen Werther". Er war Freund anderer Berühmtheiten und somit ein gern gesehener Gast bei den Schönemanns am Kornmarkt.

Zum ersten Mal begegnete Goethe einem weiblichen Wesen, das „von Person zu Person war" („Dichtung und Wahrheit") – nicht unter, nicht über seinem Stand, keine allzu Junge, Verheiratete, Bequeme. Er fühlt sich gefangen, von ihrer Ausstrahlungskraft in Fesseln geraten, spricht von „Zauberfäden", die ihn schmerzen und fühlt sich von dämonischer Gewalt bemächtigt. Gleich im Anfangsstadium ihrer Liebe beschreibt er seine Gefühle sehr eindrucksvoll in folgenden Versen:

LILI SCHÖNEMANN

Herz, mein Herz, was soll das geben?
Was bedränget dich so sehr?
Welch ein fremdes, neues Leben!
Ich erkenne dich nicht mehr.
Weg ist alles, was du liebtest,
Weg dein Fleiß und deine Ruh –
Ach, wie kamst du nur dazu!

Fesselt dich die Jugendblüte,
Diese liebliche Gestalt,
Dieser Blick voll Treu und Güte
Mit unendlicher Gewalt?
Will ich rasch mich ihr entziehen,
Mich ermannen, ihr entfliehen,
Führet mich im Augenblick
Ach, mein Weg zu ihr zurück.

Und an diesem Zauberfädchen,
Das sich nicht zerreißen lässt,
Hält das liebe, lose Mädchen
Mich so wider Willen fest;
Muss in ihrem Zauberkreise
Leben nun auf ihre Weise.
Die Veränderung, ach, wie groß!
Liebe! Liebe! Lass mich los!

Hier zeigt sich schon sehr früh der Wunsch nach Freiheit. Die Schwierigkeiten, die sich aus dem Umfeld ihrer Liebe ergaben, lesen wir in Prosa in seiner Lebensgeschichte:

„Ein unbezwingliches Verlangen war herrschend geworden; ich konnte nicht ohne sie, sie nicht ohne mich sein; aber in den Umgebungen und bei den Einwirkungen einzelner Glieder ihres Kreises, was ergaben sich da oft für Misstage und Fehlstunden!"

Mit „Misstagen und Fehlstunden" waren die fortwährenden und fassadenhaften Gesellschaften im Haus „Liebeneck" gemeint: vom Spieltisch zum

LILI SCHÖNEMANN

Konzert, Dinner, Ball, zur Jagd, zu Lustpartien, welches ihm bald zur Unlust wurde. Doch um Lili nahe zu sein, begibt er sich immer wieder in diese Zirkel. Goethe war ein „Schaffer", er brauchte Zeit für seine kreative Arbeit. Deshalb flüchteten die beiden immer öfter zu Freunden und Verwandten nach Offenbach. Lilis Onkel d'Orville, ein Bruder der Mutter, und Goethes Freund Johann André besaßen dort prächtige Sommervillen, die die Liebenden freundschaftlich aufnahmen. Ein lustiges Hin- und Herfahren beginnt in die damals noch halb ländliche Gegend am Ufer des Mains, was mehr ihrem Geschmack entsprach.

Hier steht Lili nicht unter der Aufsicht der großen Brüder, die Goethe zwar als lässigen, geniehaften Künstler in ihrer illustren Gesellschaft akzeptierten, aber nicht als ernsthaften Bewerber ihrer hübschen Schwester. Sie hatten andere Pläne mit ihr vor, zu deren Durchsetzung Lili als wichtige Figur auf ihrem Schachbrett eingesetzt werden sollte.

Weder Lili noch Goethe wussten, dass das Bankhaus Schönemann auf wackeligem Boden stand. Die Brüder suchten einen finanzkräftigen Investor. Der Ruin begann schon mit dem aufwendigen Neubau ihres Palais.

Trotz allem kommt es schließlich zur Verlobung am 25. April 1775. Eine resolute Freundin aus Heidelberg verhilft ihnen dazu. Beide Familien betrachten diese Verbindung mit wenig Wohlwollen. Für Vater Johann Caspar Goethe sind die Schönemanns Emporkömmlinge, die nur nach Gelderwerb streben und Lili ist für ihn eine „Staatsdame". Mutter „Aja" hätte gern eine Schwiegertochter als tüchtige „Gehülfin" in der Haushaltsführung gehabt. Obendrein waren die Schönemanns calvinistisch, die Goethes dagegen betont lutherisch. Gemeinsame Bekannte hatte man nicht, ein Familienzusammenhang war nicht zu erwarten. Trotzdem willigten sie stillschweigend ein.

Die zwei älteren Brüder Lilis standen dem Bräutigam äußerst feindlich gegenüber und boykottierten ihn bei jeder Gelegenheit. Auch war von anderen Bewerbern um Lilis Hand die Rede, die dem „Dichter-Advokaten" eine ärgerliche Konkurrenz sein sollten.

LILI SCHÖNEMANN

Goethe ist einerseits geplagt von Zweifeln, andererseits berauscht von Glück. In seinen biographischen Notizen steht: „Ahnung des Trugschlusses". Er schreibt Briefe an Freunde und Unbekannte und flüchtet schließlich in eine Reise.

Für zehn Wochen verlässt er seine Verlobte und fährt mit den Stolbergbrüdern in die Schweiz, um zu prüfen, ob er „Lili entbehren könne". Während dieser Reise besucht er seine Schwester Cornelia in Emmendingen, die seit zwei Jahren unglücklich mit dem tüchtigen Amtmann Schlosser verheiratet war. Sie beschwört ihn förmlich: „Heirate nicht! Nicht diese! Überhaupt nie, versprich mirs!" Für Heiratspläne waren diese Worte nicht geeignet. Jedoch bei jeder Gelegenheit musste er an Lili denken. Am Zürichsee entstanden die Verse:

> Wenn ich, Lili, dich nicht liebte,
> Welche Wonne gäb' mir dieser Blick!
> Und doch, wenn ich, Lili, dich nicht liebte,
> Wär', was wär' mein Glück?

Er kann Lili nicht entbehren, verwirft den Plan nach Italien weiterzufahren, kehrt zurück nach Frankfurt, sitzt wieder am Spieltisch im Haus „Liebeneck" oder in Offenbach in ihrem Zimmer. „So beschränkt, als ein Papagey auf der Stange" teilt er der ihm unbekannten Auguste von Stolberg brieflich mit.

Im Gedicht „Lili's Park" schildert er sich als Bär an der Leine, der tanzen muss und zu ihren Füßen liegt, aber den Wunsch hat, sich loszureißen, um alles um sich herum zu zerstören.

Während seiner langen Abwesenheit in der Schweiz, hat die „Schönemann-Verwandtschaft" in Frankfurt gründlich dafür gesorgt, Lili die Aussichtslosigkeit der Verlobung deutlich zu machen. Lili, die noch anfangs mutig der Familie erklärte, sie würde ihrem Verlobten bis nach Amerika folgen, konnte mit der Zeit nicht verborgen bleiben, dass Goethe mit seiner Rolle als Bräutigam auf dem „Schauplatz Schönemann" nicht zurecht kam. Argwöhnisch von den Brüdern auf Abstand gehalten, musste er erkennen, dass er den Ansprüchen dieser Familie nicht genügte. Er fürchtete die häusliche Glückseligkeit mit all den dazu gehörigen Notwendigkeiten. Heirat bedeutete Anwaltskanzlei, sesshaft bleiben in Frankfurt, finanzieller und sozialer Druck. Ausschlaggebend war wohl, dass er das Ende seiner dichterischen Schaffenskraft fühlte, wenn Sehnsucht und Verlangen erfüllt sein würden. Dieser Überzeugung wurde Lili geopfert.

Schließlich haben beide ihren Familien das Ende ihrer Verlobungszeit „aus Vernunftgründen" mitgeteilt. Gewaltsam lösten sich beide von ihrer Liebe.

Am 30. Oktober verlässt Goethe Frankfurt, um einer willkommenen Einladung des Herzogs Carl August von Sachsen-Weimar-Eisenach zu folgen.

„Lili sieben Worte gesagt" mit diesen Worten teilt er seinen Entschluss in Briefen an seine Freunde mit – wahrscheinlich bei dem letzten Zusammentreffen nach einem Theaterbesuch. Auf der Fahrt nach Weimar schreibt er in sein Tagebuch: „Lili adieu, Lili zum zweiten Mal! Das erste Mal schied ich noch hoffnungsvoll unsere Schicksale zu verbinden! Es hat sich entschieden – wir müssen einzeln unsere Rollen ausspielen ... Adieu!"

Das in dieser Zeit entstandene Schauspiel „Stella" bringt die Gründe seiner „Flucht" auf den Punkt: „Ich muss fort – ich wär ein Tor mich fesseln zu lassen! Dieser Zustand erstickt alle meine Kräfte, dieser Zustand raubt mir allen Mut der Seele, er engt mich ein! – Was liegt alles an mir? Was könnte sich alles noch entwickeln? Ich muss fort – in die weite Welt!"

In seinem späteren Leben hat sich Goethe mehrmals zu seiner früheren Verlobten bekannt und sogar die äußeren Umstände als „nicht unübersteigbar" bezeichnet.

Als 1776 „Stella" erschien, sandte Goethe ihr gleich ein Exemplar ins Haus „Liebeneck" nach Frankfurt. Obwohl Lili alle schriftlichen Erinnerungen von Goethe vernichtete, hat sie Stella lebenslang aufbewahrt.

Im selben Jahr verlobt sie sich zum zweiten Mal mit dem elsässischen Hüttenbesitzer Johann Friedrich Bernard, der aber kurz darauf Bankrott

LILI SCHÖNEMANN

anmelden musste und ins Ausland ging, so dass eine Heirat gar nicht erst zu Stande kommen konnte.

In den folgenden Jahren ging auch das Bankhaus Schönemann der Insolvenz entgegen. Der älteste Bruder hatte betrügerische Geschäfte geführt, die Bücher gefälscht und sich mit 32 Jahren erschossen.

Das luxuriös gebaute Haus wurde verkauft, das elegante Mobiliar samt dem Flügel, auf dem Lili spielte, als Goethe die Sechzehnjährige kennenlernte, versteigert.

Vor dieser Katastrophe hatte man Lili noch gut und standesgemäß verheiraten können. Am 25. August 1778 ist die nun neunzehnjährige Lili die Ehe mit dem sechsundzwanzigjährigen Baron Bernhard Friedrich von Türkheim (1752–1831) eingegangen. Er war somit drei Jahre jünger als Goethe. Wegen seines edlen Charakters, seines ruhigen, sicheren Auftretens und seiner gemäßigten politischen Haltung wurde er zum Bürgermeister von Straßburg gewählt.

Nach dem Zusammenbruch des Bankhauses Schönemann musste Lili zwar Demütigungen seitens ihrer Straßburger Schwiegereltern erleiden, jedoch ihre Ehe verlief glücklich, wenn „Liese" oder „Eliese" auch die erotisch aufwühlende Form der Liebe entbehrte, wie sie sie als Lili mit Goethe erlebte. So ähnlich beichtete sie es jedenfalls ihrem Freund Pastor Lavater in einem Brief.

Sie wurde eine gute Ehefrau, eine liebevolle, immer um das Wohl der Kinder besorgte Mutter von fünf Söhnen und einer Tochter.

Noch einmal hat Goethe seine einstige Verlobte wiedergesehen, als er 1779 mit dem Herzog seine zweite Schweizer Reise unternahm. Er besuchte sie in Straßburg in ihrem schönen Haus in der Brandgasse 1. Lili war schon Mutter eines kleinen Babys, mit dem sie spielte, als Goethe eintrat. Kühl und distanziert schreibt er Frau von Stein von diesem Besuch: „Ich ging zu Lili und fand den schönen Grasaffen mit einer Puppe von sieben Wochen spielen" …

LILI SCHÖNEMANN

„Grasaff" war in dieser Zeit ein Frankfurter Ausdruck für kleine Kinder, den auch Goethes Mutter gern gebrauchte. In einem anderen Brief an Auguste von Stolberg bezeichnet er sie despektierlich als „niedliche Blondine" oder in einem Gedicht nennt er sie „loses Mädgen". Vermutlich wollte er Eifersucht seitens der weiblichen Adressaten verhindern oder er selbst war eifersüchtig auf das ihm verloren gegangene Familienglück.

Auf jeden Fall haben diese Äußerungen lange Zeit Lilis Ansehen geschadet. Dass sie keineswegs nur ein kokettes hübsches Mädchen aus reichem Hause war, sondern eine tief religiöse ernste Persönlichkeit, erfährt man erst, wenn man ihren späteren Lebensweg betrachtet. In schweren Zeiten hat sie durch Umsicht und Klugheit die Familie von vielen äußeren Leiden bewahren können.

147 Briefe sind von ihr erhalten, die meisten an ihre Mutter und an den Lieblingsbruder Friedrich gerichtet, die immer erfüllt sind von der Sorge um ihren Mann, die Gesundheit und Erziehung der Kinder. Baron Türkheim drohte als Bürgermeister von Straßburg und als Aristokrat in der Revolutionszeit in Frankreich die Verhaftung und die Hinrichtung auf der Guillotine. Nur durch rechtzeitige Warnung gelang ihm die Rettung ins deutsche Exil. Sie selbst flüchtet, als Bäuerin verkleidet, ein Kind auf dem Rücken, die anderen an der Hand, mit wenigen Habseligkeiten nach Heidelberg. In Karlsruhe war die Familie dann wieder glücklich vereint, als Türkheim 1810 zum badischen Finanzminister ernannt wurde. 1815, am Ende der napoleonischen Herrschaft ging er als Abgeordneter der französischen Kammer nach Paris. Das bedeutete auch für Lili lange Aufenthalte in der französischen Hauptstadt. Mit allen Kräften unterstützte sie ihren Mann beim Neuaufbau seines Straßburger Bankhauses. Mit viel Liebe und Geduld widmete sich Lili der Umgestaltung und Einrichtung eines Landhauses in Krautergersheim im Elsass, wo sie sich bis an ihr Lebensende am liebsten aufhielt.

Goethe und Lili haben zeitlebens Erkundigungen über sich eingeholt. Sie waren dadurch über ihre Schicksale immer gut informiert. Nach 27 Jahren Trennung nimmt sie 1801 zum ersten Mal Kontakt mit ihm auf, indem sie in einem Brief um Protektion für einen Bekannten bittet. Goethe freute

LILI SCHÖNEMANN

sich überaus herzlich darüber, antwortete postwendend und lässt sie wissen, dass er stets aus der Ferne an ihrem Leben Anteil genommen hatte.

Sechs Jahre später wendet sie sich ein zweites Mal brieflich an den Freund, um den Besuch ihres Sohnes Carl in Weimar anzukündigen. Auch in diesem Antwortbrief bringt Goethe seine Freude über den erneuten Kontakt zum Ausdruck. Er beendet ihn mit bewegten Worten:

„… dass es mir unendliche Freude machte, nach so langer Zeit, einige Zeilen wieder von Ihrer lieben Hand zu sehen, die ich tausendmal küsse in Erinnerung jener Tage, die ich unter die glücklichsten meines Lebens zähle … Nochmals ein Lebewohl mit der Bitte, meiner zu gedenken." (14.12.1807)

Zehn Jahre später, am 6. Mai 1817, stirbt Lili im Alter von 59 Jahren auf ihrem geliebten Landgut in Krautergersheim.

1830, zwei Jahre vor Goethes Tod, lernte er Lilis zwanzigjährige Enkelin, die Tochter des Sohnes Carl, in Weimar kennen. Sie muss ein Abbild der verehrten Jugendliebe gewesen sein. Zurückblickend auf seine Liebe in Frankfurt bekannte er ein wenig verklärend zu Eckermann:

„Ich sehe die reizende Lili in aller Lebendigkeit vor mir und es ist mir, als fühlte ich wieder den Hauch ihrer beglückenden Nähe. Sie war in der Tat die Erste, die ich tief und wahrhaft liebte. Auch kann ich sagen, dass sie die Letzte gewesen".

MARIANNE VON WILLEMER
(1784–1860)

„Die Liebe höret nimmer auf"

Marianne von Willemer

Suleika: Nimmer will ich dich verlieren!
Liebe gibt der Liebe Kraft.
Magst Du meine Jugend zieren
Mit gewaltiger Leidenschaft.

Ach wie schmeichelt's meinem Triebe,
Wenn man meinen Dichter preist:
Denn das Leben ist die Liebe,
Und des Lebens Leben Geist.

Marianne von Willemer, 1815 (West-östlicher Diwan)

Als Goethes Sammlung orientalischer Gedichte unter dem Titel „West-östlicher Diwan", von Cotta gedruckt, 1819 erschien, wurde das Werk von den Zeitgenossen über alle Maßen als Goethes beste und umfangreichste Gedichtsammlung gelobt. Es ist ein Buch der Liebe zwischen dem alternden Dichter Hatem und seiner jungen schönen Geliebten Suleika. In leidenschaftlichen Versen entstand ein Wechselgesang in Gedichten, in denen beide ihr seelisches Erlebnis poetisch zum Ausdruck brachten.

Im Erscheinungsjahr des Buches feierte Goethe auch seinen 70. Geburtstag. Für seine Leser war es nicht schwer, Hatems wirkliche Identität zu erraten. Das Geheimnis war für jeden sichtbar, dass Goethe hinter Hatem seinen eigenen Namen versteckte.

Aber wer war Suleika? Dass damit die Frankfurterin Marianne von Willemer gemeint war und sie sogar auch die Verfasserin einiger darin enthaltender Gedichte war, erfuhr man erst viele Jahre nach ihrem Tod. Goethe hatte sie für so wertvoll gehalten, dass er sie als seine eigenen veröffentlichte. Es waren gerade ihre Gedichte, die die literarischen Zeitgenossen als Goethes höchste Dichtkunst rühmten und die von Musikern wie Schubert, Zelter, Eberwein und Mendelssohn-Bartholdy vertont worden sind.

MARIANNE VON WILLEMER

Sie verhalf Goethe zu einem wahren Schaffensrausch. Tag für Tag konnte er den Diwan mit neuen Gedichten erweitern, die er Marianne zukommen ließ und auf die sie geistreich und einfühlsam mit eigenen Gedichten antwortete. Keiner Freundin Goethes ist es je gelungen als gleichwertiger Part mit ihm im Dialog zu bestehen. Goethes Bewunderung darüber findet sich in zwei Zeilen:

> „Von euch Dichterinnen allen,
> ist ihr eben keine gleich!"

Für lange Zeit lag ein Schleier über der geheim gehaltenen Beziehung zwischen Goethe und Marianne. Rätselhaft ist sie teilweise bis heute geblieben. Auch von Mariannes Herkunft weiß man erst seit Ende des 20. Jahrhunderts Genaueres.

Nach ihren eigenen Angaben ist sie am 20.11.1784 in Linz/Österreich zur Welt gekommen. Ein Geburts- oder Taufschein ist bis heute nicht aufgetaucht. Sie war die uneheliche Tochter der Schauspielerin Elisabeth Pirngruber und des holländischen Tanzmeisters Johann Baptist van Gangelt.

Vier Jahre nach ihrer Geburt heiratete die Mutter den Theaterunternehmer Joseph Georg Jung, dessen Name Marianne trug, um die außereheliche Geburt zu kaschieren. Der Stiefvater, der nie eine Adoption beantragt hatte, verstarb sehr früh. Die Mutter war genötigt, den Lebensunterhalt allein zu verdienen. Für die 36-jährige Witwe gab es kaum noch Rollenangebote. Ihr Stern war schon am Sinken. Nur so ist zu verstehen, dass sie die Chance wahrnahm, in Frankfurt eine Stelle als Garderobiere und Theaterdienerin anzunehmen. Aber dafür trat nun ihre 14-jährige Tochter als Schauspielerin, Sängerin und Tänzerin auf die Frankfurter Bühne. Zwar waren es ihrem Alter entsprechend kleine Rollen – als Küchenjunge, Matrose, Tänzerin – aber sie konnte damit Triumphe feiern und das Haus füllen.

Mutter Goethe, die zusammen mit Clemens Brentano das Theater besuchte, und sie als Harlekin aus einem Ei schlüpfen sah, quittierte ihr Entzücken mit den Worten: „Nichtwahr, das macht seinen Effekt!" Sie bedauerte, dass ihr Wolfgang in Weimar das nicht zu sehen bekam. Sie konnte ja nicht wissen, dass dieses Mädchen 15 Jahre später die letzte große Muse ihres Sohnes werden würde. Brentano verliebte sich augenblicklich in die vielseitig begabte Künstlerin, so dass sogar schon eine Verlobung ins Auge gefasst wurde.

So wie Marianne mit dem Liebreiz ihres Spiels, ihrer melodischen Stimme ein ganzes Publikum verzauberte, so faszinierte sie auch den Frankfurter Theaterliebhaber und -förderer Johann Jakob Willemer. Er war ein wohlhabender Mann, Bankier, Konsul, Senator, Geheimrat, Privatgelehrter. Später wurde er sogar in den Adelsstand erhoben. Der 40-jährige zweimalige Witwer, Vater von fünf Kindern und einem Pflegesohn, war in Frankfurt für seine spontanen Handlungen bekannt. Kurzerhand brachte er die Witwe Elisabeth Jung dazu, ihre Tochter ihm für 2000 Gulden zu übergeben, nahm das 16-jährige Mädchen in sein Haus und gab sie seinen Kindern als weitere „Schwester". Der Mutter setzte er eine lebenslange Rente aus, so dass sie Frankfurt verlassen und in ihre Heimatstadt Linz zurückkehren konnte. Das Einverständnis der Mutter beweist die finanzielle Notlage alternder Schauspieler in dieser Zeit. Das Angebot Willemers war ein willkommener Ausweg aus ihrer Misere, zumal sie die Tochter gut versorgt wusste.

Ein etwas unklares Zusammenleben zwischen dem Hausherrn und seiner „Pflegetochter" begann auf der Gerbermühle am Main, dem Sommersitz der Familie. Frankfurt hatte seinen Klatsch, der von Goethes Mutter auch Goethe nach Weimar mitgeteilt wurde.

Marianne wurde durch ihr natürliches und liebenswürdiges Wesen sehr rasch zum Mittelpunkt der ganzen Familie Willemer. Der pädagogisch interessierte Hausherr erkannte sehr gut ihre musikalische Begabung und ließ ihr Privatunterricht erteilen in Gesang, für Klavier und Gitarre. Mit 22 Jahren bewies sie im Gitarrenspiel eine solche Professionalität, dass sie 1806 zusammen mit ihrem Lehrmeister Scheidler aufgefordert wurde, der französischen Kaiserin Josephine im Schloss zu Mainz ein Konzert zu geben. Napoleons Gattin war überwältigt, ihr Lieblingsinstrument so virtuos gespielt zu hören. Als Dank dafür übergab sie ihr ein wertvolles Schmuckensemble, das heute im Freien Deutschen Hochstift in Frankfurt am Main aufbewahrt wird.

MARIANNE VON WILLEMER

Willemer war ein Jugendfreund Goethes. Er verehrte den elf Jahre älteren Dichter über alles und hatte immer dafür gesorgt, dass die freundschaftliche Verbindung Bestand hatte. Zweimal hatte er ihn schon in Weimar besucht.

Im Sommer 1814 fuhr Goethe auf Anraten seiner Frau Christiane nach Wiesbaden zur Badekur. Siebzehn Jahre war er nicht mehr in Frankfurt gewesen. Die Napoleonischen Kriege hatten das Reisen in die Rhein-Main-Gegend immer wieder zunichte gemacht. Zu dieser Zeit bewirkten Napoleons „Alexanderzug", die Entzifferung der Hieroglyphen, Lord Byrons Reisen in den Nahen Osten ein großes Interesse für den Orient. Auch Goethe ließ erst einmal die Antike beiseite und schwamm auf dieser Welle mit. Er war mitten in der Arbeit an seiner Gedichtsammlung „Westöstlicher Diwan". Kaum saß er in der Postkutsche, dichtete der 65-jährige wie in einer Vorahnung:

> So sollst du, muntrer Greis,
> Dich nicht betrüben,
> Sind gleich die Haare weiß,
> Doch wirst du lieben.

Wie ein Lauffeuer verbreitete sich in Frankfurt die Nachricht, dass Goethe ganz in der Nähe sei. Willemer hatte den Freund 20 Jahre nicht mehr gesehen und begab sich unverzüglich zusammen mit „Demoiselle Jung" auf den Weg nach Wiesbaden in das Hotel „Zum Bären". Hier fand das erste Zusammentreffen zwischen Goethe und Marianne statt. Eine inspirierende aber auch tragische Liebesgeschichte nahm ihren Lauf, die Mariannes Leben verändern sollte. Goethe war sofort hingerissen von der hochintelligenten, temperamentvollen Person, wie sie es verstand mit Witz und Wortspielen zu antworten.

Marianne war 29 Jahre alt, klein, den Kopf voller dunkler Locken, von grazilier anmutiger Gestalt aber zur Fülle neigend. Selbstkritisch schrieb sie humorvoll in Goethes Stammbuch:

MARIANNE VON WILLEMER

> Zu den Kleinen zähl' ich mich,
> Liebe Kleine nennst Du mich
> Willst Du immer mich so heißen,
> Werd ich stets mich glücklich preisen,
> Bleibe gern mein Leben lang
> Lang wie breit und breit wie lang.

In Goethes Aufzeichnungen heißt Marianne zunächst „Demoiselle Jung", „Willemers kleine Gefährtin", dann „liebe Kleine" und am Ende „allerliebste Marianne".

Goethe ist kurz darauf Gast auf der Gerbermühle und führt mit Willemer ein Gespräch unter vier Augen. Am nächsten Morgen fährt er nach Heidelberg zu den Brüdern Boisserée, um die Gemäldesammlung alter Meister zu begutachten. Als er auf die Gerbermühle zurückkehrte, waren die 29-jährige Marianne und der 54-jährige Willemer verheiratet. Die Privattrauung fand völlig überstürzt, ohne Aufgebot und ohne Mariannes erforderlichen Dokumente statt. Die Geburtsurkunde wurde nie nachgereicht, denn damit wäre ihre uneheliche Geburt zu Tage getreten. Sie hat dadurch nie das Frankfurter Bürgerrecht erhalten und galt lebenslang als Ausländerin.

Warum diese Eile? Hatte Goethe seinem Freund dazu geraten? Niemand kann darauf eine Antwort geben. Hatte nicht Goethes Frau Christiane für lange Zeit eine vergleichbare Rolle eingenommen wie Marianne und darunter leiden müssen?

Am 18. Oktober 1814 wurde im gesamten deutschen Sprachraum der erste Jahrestag der Völkerschlacht von Leipzig gefeiert. Er bedeutete für die Deutschen und Österreicher die Befreiung von Napoleons Herrschaft. Auf Anregung des Dichters Ernst Moritz Arndt wurden auf allen Berggipfeln Freudenfeuer entfacht. Marianne und Goethe beobachteten die Illuminationen im Taunus gemeinsam vom Gartenhaus auf dem Mühlberg in Sachsenhausen aus (heute allgemein bekannt als „Willemer-Häuschen"). Die Erinnerung wurde in den folgenden Briefen immer wieder wachgerufen, zumal gerade Vollmond war, und sie sich versprachen, bei jedem Vollmond an einander zu denken.

MARIANNE VON WILLEMER

Nach Goethes Abreise folgte ein permanenter Briefwechsel, denen Gedichte voller glühender Liebesgeständnisse beigelegt waren – unterschrieben mit Hatem und Suleika. Gemäß persischer Literaturtradition gaben diese Decknamen ihnen die Freiheit, sich ihre Liebe unverfänglich zu gestehen.

Im Jahr darauf kam Goethe wieder nach Frankfurt und verbrachte ca. fünf Wochen bei den Willemers in der Stadt oder auf ihrem Pachtgut am Main. In diese Zeit fällt Goethes 66. Geburtstag, der am 28.8.1815 auf der Gerbermühle im großen Familien- und Freundeskreis festlich begangen wird. Goethe wird wie Hatem mit einem Turban versehen, den Marianne noch mit Lorbeer bekränzt. Sie selbst hat alle Blumen um ihn herum so angeordnet, dass sie seiner Farbenlehre entsprechen.

Diese Wochen im Sommer 1815 auf der Gerbermühle sollten der Höhepunkt in ihrem Leben bleiben. Sie wurde geliebt und scheute sich auch nicht, ihr Verlangen nach ihm zu äußern.

In rascher Folge werden wieder Briefe ausgetauscht. Waren noch ein Jahr zuvor ihre Geständnisse verschlüsselt zwischen den Zeilen zu lesen, so werden sie jetzt kühn und ungeschützt ausgesprochen. Sie ist bereit, alles für ihn aufzugeben, indem sie schreibt:

> Was so willig Du gegeben,
> Bringt Dir herrlichen Gewinn;
> Meine Ruh, mein reiches Leben
> Geb ich freudig, nimm es hin!
>
> Scherze nicht! Nichts von Verarmen:
> Macht uns nicht die Liebe reich?
> Halt ich Dich in meinen Armen,
> Welch ein Glück ist meinem gleich.

Goethe bringt die Zwiespältigkeit deutlich in seinem Gedicht vom Ginko Biloba zum Ausdruck. Er vergleicht das gespaltene Blatt mit der dramatischen Liebe der zwei Seelen, die nicht zusammen kommen können: „Das ich eins und doppelt bin".

MARIANNE VON WILLEMER

Im Oktober war Goethe wieder in Weimar. Man verabredete sich, im nächsten Sommer den Besuch zu wiederholen. Aber dazu ist es nicht gekommen. Goethe war zu keiner weiteren Begegnung mehr bereit. Seine Frau war gestorben, er wäre als Witwer gekommen, während Marianne verheiratet war. Willemer waren die Gefühle seiner Frau nicht verborgen geblieben. Er hatte aber in Hinblick auf seine Frau und seinen alten Jugendfreund größte Nachsicht geübt. So entschied sich Goethe jetzt für Entsagung.

Marianne dagegen glaubte fest daran, dass der Geliebte sein Versprechen einhalten werde und erwartete Jahr für Jahr vergeblich seine Ankunft. Der Verzicht bedeutete für sie eine Erschütterung ohnegleichen. Sie wird krank, Depressionen, Atemnot, Herzschmerzen sind die Folgen. Sie selbst diagnostiziert ihre Krankheit als eine „Sucht", die man gemeinhin „Sehnsucht" nennt. Sie konnte nicht mehr lachen, nicht mehr singen, aber das Dichten gelang ihr zur höchsten Vollendung. Ihre Gedichte vom Ostwind (von Weimar kommend) und Westwind (von Frankfurt zum östlich gelegenen Weimar wehend) sind ein Symbol ihrer räumlichen Trennung und Hoffnung auf ein Wiedersehen:

> Ostwind: Was bedeutet die Bewegung?
> Bringt der Ostwind frohe Kunde?
> Seiner Schwingen frische Regung
> Kühlt des Herzens tiefe Wunde. …
>
> Westwind: Ach! Um deine feuchten Schwingen,
> West, wie sehr ich dich beneide:
> Denn du kannst ihm Kunde bringen
> Was ich durch die Trennung leide …

Sechs ihrer atemberaubend schönen Gedichte sind im „Diwan" enthalten. Das Dichten ist ihr immer leichtgefallen. 80 Gedichte sind von ihr bekannt. Sie hat darüber hinaus Goethe zu vielen im West-östlichen Diwan enthaltenen Versen inspiriert. Niemals ist ihr der Gedanke gekommen, auf ihr Copyright zu bestehen. Oft ist Goethes Handeln bzgl. der Vereinnahmung ihrer Werke als selbstsüchtig bezeichnet worden; aber was sollte er anderes tun? Ihre Gedichte waren so vollkommen und treffend formuliert, dass er sie unbedingt veröffentlichen musste. Das Bekanntgeben ihres Namens hätte eine Verletzung ihres Ehemannes, Goethes Frau Christiane und Bloßstellen Mariannes in der Frankfurter Gesellschaft bedeutet.

Als Goethe ihr 1819 die Erstausgabe im rotgoldenen orientalischen Einband zuschickte und sie darin ihre Gedichte verewigt sah, linderte sich auch ein wenig ihr Leiden. Allmählich entwickelte sich wieder ein für beide beglückender Briefwechsel. Marianne versorgte das Haus am Frauenplan in Weimar mit allen gewünschten Köstlichkeiten aus Frankfurt, wie es seine Mutter schon vor ihr getan hatte. Sie hielt brieflichen Kontakt mit Goethes Familienangehörigen und Freunden und empfing sie in ihrem Haus, wenn sie nach Frankfurt kamen.

Wie von Vorahnung erfasst, schrieb ihr Goethe 19 Tage vor seinem Tod einen Abschiedsbrief. Dabei sandte er ihre, an ihn gerichteten Briefe zurück, als „Zeugen allerschönster Zeit" und „so leuchten mir besonders gewisse Blätter entgegen, die auf die schönsten Tage meines Lebens hindeuten" oder „dies sind die schönsten Dokumente, auf denen man ruhen darf".

Sechs Jahre später starb ihr Mann, an dessen Seite sie 38 Jahre verbracht hatte. Die Pacht auf der Gerbermühle war gekündigt, das „Haus zum roten Männchen" vermietet, und sie nahm sich eine Wohnung mit zwei geräumigen Zimmern in der Alten Mainzer Gasse 42, gleich hinter dem Rathaus Römer.

Erst 1849 vertraute sie sich Hermann Grimm, dem Sohn Wilhelm Grimms und Schwiegersohn Bettine von Armins an und erzählte ihm die wahre Herkunft der sechs Gedichte und zeigte ihm bei dieser Gelegenheit auch die Briefe Goethes, die sie als wertvollen Schatz wie in einem „Heiligenschrein" aufbewahrte.

Am 6. Dezember 1860 starb Marianne von Willemer im Alter von 76 Jahren an Herzversagen. Unter großem Gefolge wurde sie auf dem Frankfurter Hauptfriedhof bestattet. Der Spruch auf dem Grabstein ist bezeichnend für ihr Leben seit dem ersten Zusammentreffen mit Goethe: *„Die Liebe höret nimmer auf"*.

MARIANNE VON WILLEMER

1877 wurde der Briefwechsel zwischen den beiden Liebenden von dem Frankfurter Goetheforscher Theodor Creizenach zum ersten Mal veröffentlicht.

Die Gerbermühle ist den Frankfurtern erhalten geblieben. Sie wurde jetzt umgebaut und als Ausflugslokal und Hotel genutzt. Das Willemer-Häuschen am Hühnerweg in Sachsenhausen wurde 1943 im Krieg zerstört, ist aber rekonstruiert worden und kann besichtigt werden. Das schöne Stadthaus am Fahrtor ging unwiederbringlich in den Bombennächten 1944 verloren.

In Frankfurt gibt es zwei Straßen, eine Mariannen- und eine Willemerstraße, die an Goethes und Marianne von Willemers „allerschönste Zeit", die Zeit in Frankfurt erinnern sollen.

HANNAH-LUISE, LUISE, ADELE HANNAH, HANNAH MATHILDE, ADELHEID, MINNA CAROLINE VON ROTHSCHILD

Stifterinnen der Rothschildfamilie

„Gegen die Not und Bedrängnis der Mitmenschen"

Hannah Luise von Rothschild

So mancher, der schon einmal unter Zahnschmerzen gelitten hat, weiß wie schrecklich sie sind, insbesondere dann, wenn nicht gleich Abhilfe geschaffen werden kann. In vielen Fällen sind dann weitreichende Schäden die Folge oder zumindest der Verlust eines Zahns.

Im 19. Jahrhundert konnten sich viele Menschen eine Behandlung beim Zahnarzt nicht leisten, da es noch keine gesetzliche Krankenversicherung, keine Renten oder andere öffentlichen Hilfeleistungen für Bedürftige gab. Die medizinische Versorgung im zahnärztlichen Bereich war bei der sozial schwachen Bevölkerung katastrophal. Die Schmerzen und gesundheitlichen Risiken, die die Menschen auf sich nehmen mussten, können wir uns kaum noch vorstellen. Meist war das Gebiss schon so sehr geschädigt, dass es nicht mehr erhalten werden konnte. Um diesen armen geplagten Menschen zu helfen, gründete

Hannah Luise von Rothschild (1850–1892),

eine Urenkelin Gudulas und Mayer Amschel Rothschilds, 1890 die Heilanstalt *„Carolinum"* in der Bürgerstraße Nr. 7 (jetzt: Wilhelm-Leuschner-Straße). Nach Umzug ist die heutige Anschrift Theodor-Stern-Kai 7. Die Heilanstalt beinhaltete eine zahnärztliche Ambulanz, Einrichtungen zur wissenschaftlichen Forschung und Weiterbildung der Studierenden der Zahlheilkunde, eine Krankenstation und eine Abteilung zur Pflege und Erziehung von drei bis vier Waisenkindern. Sie spendete nicht nur eine Million Goldmark für die Errichtung und Ausstattung ihrer Stiftung, sondern arbeitete selbst darin als Krankenschwester. Ihre besondere Fürsorge galt dabei den zahnkranken Patienten.

„Gegen die Not und Bedrängnis der Mitmenschen!" war das Motto ihres Anliegens. Alle Menschen, die kein Geld hatten, einen Arzt zu bezahlen, sollten kostenlos behandelt werden. Dabei spielte weder Religions- oder Konfessionszugehörigkeit eine Rolle.

STIFTERINNEN DER ROTHSCHILDFAMILIE

Hannah Luise von Rothschild war das fünfte Kind von sieben Töchtern des Freiherrn Mayer Carl von Rothschild (1820–1886) und Luise von Rothschild. Vater und Mutter waren beide Enkelkinder der Stammeltern Amschel Rothschild und Gudula Schnapper aus der Judengasse. Während ihr Vater aus dem Neapolitanischen Bankhaus kam, war seine Cousine Luise von Rothschild eine Enkeltochter aus dem Londoner Bankhaus.

Die weiblichen Rothschilds wurden vorbereitet in der Rolle einer aufopfernden Mutter, als Erzieherin ihrer Kinder, als Vorsteherin eines aristokratisch geführten Hauses, sowie einer versierten und vielseitig gebildeten Gastgeberin. Ihre Allgemeinbildung unterschied sich nicht von der der männlichen Familienmitglieder. Im geschäftlichen Bereich durften sie allerdings nur eine untergeordnete Rolle spielen. Größtenteils akzeptierten und erfüllten die Ehefrauen und Töchter diese Erwartungen.

Durch die gesetzliche Gleichstellung der Frankfurter Juden 1864 hatten sie endlich die Möglichkeit sich auch als Bürger zu profilieren und gesellschaftliche Akzeptanz zu gewinnen.

Den weiblichen Mitgliedern der Familie Rothschild wurde im 19. Jahrhundert der Bereich der Wohltätigkeit übertragen. Hier konnten sie eigenständig wirken. Das größte Betätigungsfeld sollte die Erfüllung sozialer Aufgaben sein. Per Testament waren sie dazu verpflichtet, Stiftungen im Sinne der Familie zu errichten und dafür die Verantwortung zu tragen – entsprechend der jüdischen Tradition.

„Pflanze in mein Herz, o Herr, den Wunsch und die Neigung, zu speisen die Hungrigen, zu kleiden die Nackten und zu trösten die Kummervollen, solange ich die Macht und die Mittel habe, so zu tun …" Mit diesen Worten endete das wöchentliche Schabbatgebet ihrer Mutter Luise.

Während einige der Schwestern von Hannah Luise ihre reichen englischen und französischen Cousins oder christliche Adelige heirateten, beschritt sie eigene Wege. Sie fühlte sich der Wohltätigkeit verpflichtet und blieb unverheiratet.

STIFTERINNEN DER ROTHSCHILDFAMILIE

Von einem Aufenthalt in Paris brachte sie die Idee für die Gründung einer solchen Krankenanstalt mit. Ihr Vater, Freiherr Carl von Rothschild, war 1886 gestorben. Zum Andenken an den von ihr über alles geliebten Vater Carl, sollte die Stiftung „Heilanstalt Carolinum" heißen. Den Schwestern von Hannah Luise ist zu verdanken, dass die Heilanstalt bis heute erhalten ist. Mit einer großzügigen Spende von 400 000 Mark konnte sie über die Zeit der Inflation nach dem Ersten Weltkrieg gerettet werden. Auch der Name „Carolinum" konnte bis heute weitergeführt werden, denn bei den Nationalsozialisten rief er keine jüdischen Erinnerungen hervor. Im Gegenteil, die meisten Bürger brachten die Bezeichnung mit Karl dem Großen in Verbindung, da sich die Stadt gerne und oft auf ihn beruft.

Schon ab 1933 wurde in Frankfurt der Name Rothschild in allen Bereichen der Öffentlichkeit entfernt. Die Rothschildallee im Norden Frankfurts, seit 1895 so genannt, wurde zur Karolingerallee. Ein jüdischer Familienname neben der Nibelungenallee war für die Stadt in der Nazizeit unvorstellbar.

Auch die *„Freiherrlich Carl von Rothschild'sche öffentliche Bibliothek"* mit 93 000 Bänden ihres Vaters, samt dem ehemaligen Wohnhaus am Untermainkai Nr. 14 und 15 geht auf Hannah Luise zurück. 1888 wurde die Bibliothek in der Bethmannstraße 1 der Öffentlichkeit übergeben, ab 1907 im Rothschildpalais am Untermainkai eingerichtet und erweitert. Die Bücher dienten der Belehrung und wissenschaftlichen Arbeit, insbesondere in den humanistischen Fächern und Musik. 1928 wurden die Bücher in die Frankfurter Stadtbibliothek überführt. Nach der Zerstörung im Krieg und dem Um- und Wiederaufbau im Jahre 1988 dient das Palais am Untermainkai als „Jüdisches Museum am Untermainkai". Kein besseres Gebäude konnte in Frankfurt für diesen Zweck gewählt werden als das Rothschildpalais. Der Tag der Einweihung, am 9. November 1988 war nicht zufällig gewählt worden. Es war 50 Jahre nach der Reichspogromnacht 1938, die des Öfteren verharmlost „Reichskristallnacht" genannt wurde. Überall brannten die Synagogen, Fenster der Geschäfte und Wohnhäuser wurden zerschlagen. Die jüdischen Frankfurter wurden zu Verfolgten, verloren ihre Existenz und oft auch ihr Leben.

STIFTERINNEN DER ROTHSCHILDFAMILIE

Es gibt wenige Bilder von der großen jüdischen Mäzenin Hannah Luise. Von Zeitgenossen wurde sie als das Fräulein Baronin mit den freundlichen Gesichtszügen und zur Fülle neigender Figur beschrieben, die sich stets zurückhaltend und still in Gesellschaft verhielt und im eigenhändig gelenkten Ponyzweispänner zu ihrer Arbeitsstätte in die Klinik fuhr.

Schon kurze Zeit nach ihrer vielfältigen Gründertätigkeit verstarb Hannah Luise unerwartet, erst 42 Jahre alt. Auf dem jüdischen Friedhof in der Rat-Beil-Straße ist sie begraben. Ihr Grabmal ist eine abgebrochene Säule, als Sinnbild für das viel zu früh verlorene Leben.

Ihre Mutter,

Freifrau Luise von Rothschild (1820 – 1894)

aus dem Londoner Familienzweig, war das jüngste Kind von Nathan von Rothschild. Sie war im Sinne der Aufklärung erzogen, hoch gebildet und selbst schriftstellerisch tätig. Sie sorgte dafür, dass die Stiftungen ihrer Tochter juristisch konstituiert wurden.

Die großherzige Luise hat Frankfurt 1875 das *„Clementine-Mädchen-Hospital"* geschenkt zum Gedenken an ihre früh verstorbene drittälteste Tochter Clementine Henriette. Clementine ist 1845 in Frankfurt geboren und litt seit ihrer Kindheit an einer chronischen, unerklärlichen Krankheit, an der das hochbegabte junge Mädchen schon im Alter von 20 Jahren starb.

Luise von Rothschild stiftete ihr luxuriöses Sommerhaus an der Bornheimer Landwehr mit Grundstück und 800 000 Goldmark, um eines der ersten *Krankenhäuser für Kinder* dort einrichten zu können. Wieder war es selbstverständlich, dass mittellose Patienten unentgeltlich behandelt werden sollten und die Religion dabei keine Rolle spielen durfte. Im Luftangriff 1943 wurde das Krankenhaus zerstört, genauso wie das Entbindungs- und Kinderhospital, dass aus einer Stiftung von Dr. Theobald Christ ungefähr gleichzeitig hervorgegangen war. Deshalb haben beide Stiftungen nach dem Krieg fusioniert, ein neues Haus in der Nähe des Zoos wurde gebaut und zum „Clementine Kinderhospital – Dr. Christ'sche Stiftung" vereinigt.

1870 hat sie in der Hafenstraße ein privates Lazarett eingerichtet, wo sie und ihre Töchter sich auch um die Soldaten kümmerten, die im Deutsch-Französischen Krieg verwundet nach Hause kehrten. 1874 wurde sie von der preußischen Kaiserin Augusta (Ehefrau von Wilhelm I.) dafür mit dem „Luisenorden" geehrt. Der Orden war nach ihrer Namensvetterin, der Königin Luise (Ehefrau des preußischen Königs Friedrich Wilhelm III.) benannt.

Das ehemalige „*Stadtbad Mitte*" war eines der ersten öffentlichen Bäder in Deutschland. Welcher Sportler, der darin seine „Runden" schwamm, wusste, dass Freifrau Luise von Rothschild die nötigen finanziellen Mittel dafür zur Verfügung gestellt hatte? Heute ist das Schwimmbad in das Hotel Hilton integriert.

Nach dem Tode ihres Ehemanns Mayer Carl machte sie die Kunstsammlungen im Hause Untermainkai öffentlich zugänglich.

Luise von Rothschild starb im Alter von 74 Jahren, ihre Grabstätte befindet sich auf dem jüdischen Friedhof Rat-Beil-Straße.

Auch nachdem Hannah Luise, Clementine und die Eltern Carl und Luise gestorben waren, blieben die fünf anderen Schwestern ihrer Heimatstadt Frankfurt sehr verbunden.

Adele Hannah Charlotte von Rothschild (1843–1922),

das älteste Kind der sieben Töchter heiratete ihren französischen Cousin und zog nach Paris. Vor ihrem Umzug schenkte sie der Stadt das berühmte Gemälde „*Goethe in der Campagna*" von Johann Heinrich Wilhelm Tischbein. Dieses Bild wird bis heute in Frankfurt wie ein Stadtwappen angesehen. Die Goetheverehrer kommen aus der ganzen Welt in die Gemäldegalerie „Städel", um es zu bewundern. Goethe hatte wohl Recht, als er aus Italien schrieb: „Tischbein mahlt mich jetzo … Es giebt ein schönes Bild, nur zu groß für unsre Nordischen Wohnzimmer". Für ein

STIFTERINNEN DER ROTHSCHILDFAMILIE

Rothschildsches Wohnzimmer war es offensichtlich nicht zu groß gewesen und auch im Städelbau hat es nach der Schenkung einen angemessenen Raum erhalten. Andy Warhol war 1982 zu Goethes 150. Todestag im Städel, um das Bild zu sehen und als Lithographie zu kopieren. Ob er wohl wusste, dass es ein Geschenk einer Urenkelin der Stamm-Mutter Gudula Rothschild aus der Judengasse war?

Heinrich Heine hatte Recht, wenn er sagte, dass der „Historiograph" einst seine liebe Not haben wird, das Verwandtschaftsknäuel der Rothschilds zu entwirren, da sie alle Rothschild heißen.

Hannah Mathilde von Rothschild (1832–1924),

eine Urenkelin von Gutle war das dritte Kind des Anselm Salomon aus der Wiener Familie, heiratete ebenfalls einen Rothschild, nämlich ihren Großonkel Wilhelm Carl von Rothschild aus dem Neapolitanischem Haus, der ein Enkel Gutles war und ein Cousin ihres Vaters. Sie wurde die Schwägerin von Luise.

Nach dem Tode ihres Mannes Wilhelm Carl führte Hannah Mathilde, als reichste Frau Frankfurts, die Unterstützungstätigkeit fort. Da sie musikalisch hoch begabt war, stiftete sie großzügig insbesondere für musikwissenschaftliche und andere künstlerische Projekte.

Zusammen mit ihrem Schwiegersohn Maximilian von Goldschmidt hat sie 1912 mit einer Spende von einer Million Mark dazu beigetragen, die *Frankfurter Stiftungsuniversität* zu gründen.

Sie war Mitbegründerin der *„Israelitischen Suppenanstalt"*, der *„Israelitischen Waisenanstalt"* und der *„Israelitischen Versorgungsanstalt"*.

Im Röderbergweg 109 richtete sie das *„Israelitische Kinderhospital"* ein.

Für junge Leute, die das Kunsthandwerk erlernen wollten, schuf sie die *„Freiherrlich Anselm Salomon von Rothschild'sche Stiftung zur Förderung des Kunsthandwerkes"*.

STIFTERINNEN DER ROTHSCHILDFAMILIE

Die *„Freifrau Charlotte von Rothschild'schen Fonds"* dienten zur Linderung der Not von ledigen und verwitweten Personen ohne Rücksicht auf das Religionsbekenntnis.

Mit erheblichen Geldbeträgen unterstützte sie die Kriegsfürsorge, die Einrichtung und Unterhaltung eines *Reserve-Lazaretts* und das *Bahnhofsheim*.

Auch in Frankfurts näherer Umgebung hat sie sich für wohltätige Zwecke eingesetzt, so in Oberrad (1900 eingemeindet), Bad Nauheim, Ruppertshain, Bad Soden u.v.m. Sie war in Frankfurt geboren, streng religiös erzogen und blieb auch lebenslang eine gesetzestreue Jüdin.

In ihrer „Villa Grüneburg" im Frankfurter Westend, gebaut 1845 von Johann Jakob von Essen im Stil eines Loireschlösschen und der „Villa Sonnenhof" in Königstein/Taunus, gebaut 1894 von Bauque und Pio, führte das Ehepaar mit seinen Töchtern ein zurückgezogenes Leben. Das Grüneburgschlösschen wurde im 2. Weltkrieg zerstört. Eine Stele im gleichnamigen Park zeigt den Standort des ehemaligen Gebäudes an. Der Grüneburgweg, der genau auf den Eingang des Palmengartens führt, erinnert ebenfalls an das Rothschildsche Refugium.

Häufiger Gast im Königsteiner „Sonnenhof" war Viktoria, die Witwe des preußischen Kaisers Friedrich III., die Mutter Wilhelms II. und Tochter der englischen Königin Viktoria. Kaiserin Friedrich, wie sie genannt wurde, hatte sich im nahe gelegenen Städtchen Kronberg zur gleichen Zeit ein ähnliches Domizil nach dem Tode ihres Ehemannes erstellen lassen. Die beiden Damen waren einander freundschaftlich verbunden, denn sie hatten gemeinsame musische Interessen und Talente. Das prächtige Anwesen mit dem von den Brüdern Siesmayer gestalteten Park gibt es heute noch und wird als „Hotel Villa Rothschild" geführt.

Im Gegensatz zu ihrer Schwägerin Luise, die großen Wert auf interreligiöse- und interkonfessionelle Stiftungen legte, war es Hannah Mathilde wichtig, für Anstalten zu stiften, die nach religiösen Vorschriften des ortho-

STIFTERINNEN DER ROTHSCHILDFAMILIE

doxen Judentums geführt wurden. Nach dem Tod ihres Ehemanns gab sie gemeinsam mit den Töchtern

Adelheid (1853–1935) und Minna Caroline (1857–1903)

Geld für ein israelitisches Krankenhaus im Röderbergweg 97, genannt nach der im Alter von 17 Jahren verstorbenen Tochter *„Georgine Sara von Rothschild'sche Stiftung für erkrankte fremde Israeliten"*.

Das Stadtwohnhaus Zeil 92, 1795 von Salins de Montfort gebaut, wurde von ihr und den Töchtern 1903 zu einem *Altersheim* umgestaltet. Es war bestimmt für alleinstehende israelitische Damen besserer Stände mit makellosem Lebenswandel. Während des letzten Krieges ist dort ein Luftschutzbunker eingebaut worden. Das Haus ist, wie die gesamte Zeil, im Bombenhagel untergegangen, das Grundstück im Jahre 1952 an Kaufhaus Hansa verkauft und neu bebaut worden.

In der Hügelstraße gründeten sie 1902 die *„Freiherrlich Wilhelm Carl von Rothschild'sche Stiftung für wohltätige und gemeinnützige Zwecke"* mit einem Betrag von einer Million Mark.

Nachdem ihre jüngste Schwester Minna Carolina (Minka) im Jahre 1903 im Alter von 46 Jahren verstarb, förderte Adelheid das Gumpertzsche Siechenheim so großzügig, dass mit Hilfe der sog. *Minka von Rothschild-Goldschmidt-Stiftung* ein Neubau am Röderbergweg 62–64 errichtet werden konnte. Minka war mit Maximilian von Goldschmidt verheiratet und bewohnte das Rothschildpalais Bockenheimer Landstraße 10. Das ehemalige Landhaus war ursprünglich von dem kinderlos gebliebenen Amschel Mayer sehr aufwendig errichtet worden und wurde später im schlossähnlichen Stil von Franz von Hoven umgebaut, so dass man es als das schönste Gebäude Frankfurts bezeichnete. Nach der Zerstörung im Krieg wurde das Zürichhochhaus auf dem Gelände gebaut, dass später wegen Überalterung abgerissen wurde, um ein neues Hochhaus zu errichten. Ein Drittel des früheren Gartens ist heute der öffentliche Rothschildpark.

Hannah Mathilde hat mit ihren Töchtern Stiftungen gegründet, die weit über das übliche Maß hinausgingen. Sie war für viele kulturelle und wissenschaftliche Bestrebungen der Stadt Frankfurt stets eine eifrige Förderin. Hannah Mathilde ist 92 Jahre alt geworden. Auf dem jüdischen Friedhof Rat-Beil-Straße ist sie zusammen mit ihrem Mann Wilhelm Carl, den beiden Töchtern Georgine Sara und Minka bestattet.

Adelheid ist es zu verdanken, das die große hebräische Abteilung der Frankfurter Stadtbibliothek eine stattliche Anzahl wertvoller Handschriften und Bücher erhielt.

Im Jahre 1897 wurde in Frankfurt auf Betreiben Heinrich Fraubergers und des großen Philanthropen Charles Lazarus Hallgarten der „Verein zur Förderung jüdischer Denkmäler in Frankfurt" gegründet. Zum ersten Mal wurde jüdische Kunst wissenschaftlich erforscht. Sehr rasch war durch Stiftungen von reichen jüdischen Bürgern der Stadt, u. a. auch der Rothschilds, eine umfangreiche Kollektion künstlerischer Kostbarkeiten zusammengekommen. Um der berühmten Sammlung angemessenen Raum zu geben, hatte Adelheid von Rothschild das ehemalige Bankhaus in der Fahrgasse 146 renovieren lassen und übergab es der jüdischen Gemeinde. Zum 90. Geburtstag von Hannah Mathilde konnte 1922, mit ihrer und der Mutter finanzieller Unterstützung, das Haus als *„ Von Rothschild Museum"* – „Museum jüdischer Altertümer" eröffnet werden – einzigartig in seiner Zeit. Es war das erste jüdische Museum in Deutschland überhaupt. Es besaß Kult- und Kunsthandwerksgegenstände, Bilder, Fotos von jüdischer Kunst aus ganz Europa und eine wertvolle Bibliothek von 18 000 Bänden.

Als die Nazis am 9. November 1938 die Synagogen anzündeten, wurde auch das Museum geschändet. Ein großer Teil der Exponate wurde auf die Straße geworfen, verwüstet, gestohlen, verschleudert. Das Rothschild'sche Bankgebäude an der Fahrgasse ist im Krieg durch Bombenangriffe zerstört worden. Die geretteten verbliebenen Gegenstände wurden nach dem Krieg teilweise an jüdische Museen in den USA und Jerusalem übereignet, da man nicht wusste, ob sich in Frankfurt wieder eine neue jüdische Gemeinde etablieren würde. Trotz allem sind noch viele schöne Kunst- und Kultgegenstände des Museums jüdischer Altertümer in Frankfurt geblieben und haben zum zweiten Mal in einem Rothschildhaus, im „Jüdischen Museum am Untermainkai" eine Heimat gefunden. Gemäß der jüdischen Stiftungstradition hat sich die Sammlung längst vergrößert.

STIFTERINNEN DER ROTHSCHILDFAMILIE

Juden und Nichtjuden dient sie zur Information über Religion und Tradition des ehemals reichen jüdischen Lebens in der Stadt.

Wenn auch das Jüdische Museum in Berlin durch seine spektakuläre dekonstruktivistische Architektur von Daniel Libeskind in aller Welt Aufsehen erregt, ist doch das Frankfurter Museum bzgl. Tradition und Inhalt eine nicht zu übertreffende Spitzenleistung – dafür sei Dank auch den Rothschildfrauen.

Es wäre sinnvoll, wenn das Informationszentrum zur Deportation der Frankfurter Juden statt in die neue Europäische Zentralbank im Ostend in einem rückwärtigen Anbau des Hauses Untermainkai unterkommen könnte. Dann würde sich das Frankfurter Museum zu einem der größten und bedeutendsten Zentren jüdischer Geschichte ausweiten.

Adelheid heiratete ihren französischen Großonkel Edmond James de Rothschild und verließ Frankfurt. Als einzige der drei Schwestern war ihr ein langes Leben vergönnt. Sie starb 82-jährig in Paris.

Niemand hat für Frankfurt so viel Gutes getan, wie die Rothschilds. In über 30 Stiftungen haben sie sich hervorgetan, wobei sich die Frauen in herausragender Weise beteiligten und sich nach dem Tode der Männer verpflichtet fühlten, eigene Stiftungen zu gründen.

Bürgerliche Verantwortung, Menschenliebe und der Wunsch, das Leben der Menschen auf der Erde gerechter und leichter zu machen, war immer der Antrieb für jüdisches Sozialengagement.

In Frankfurt gibt es eine Luisen- und eine Mathildenstraße. Diese Namensgebung hat die Zeit des Nationalsozialismus überdauert, denn es ist eine unspezifische, ja sogar irreführende Bezeichnung, weil der Nachname nicht erwähnt ist und sagt nichts über die großen Verdienste der Frauen aus der Frankfurter Rothschildfamilie aus. Allgemein herrscht die Meinung, dass mit Luise die legendäre preußische Königin gemeint ist.

Von allen Stiftungen hat allein Hannah Luises „Carolinum" am Theodor-Stern-Kai die schweren Zeiten der Vergangenheit als selbstständige Einrichtung mit seinem Namen überstanden. Es ist heute eines der modernsten Zentren für Zahn- und Kieferheilkunde in Deutschland und 24 Stunden im Dienst. Jeder, der nachts von quälenden Schmerzen um den Schlaf gebracht wird, kann glücklich sein, dass es das „Carolinum" gibt und Hannah Luise von Rothschild dankbar sein, dass ihm geholfen werden kann.

LINA VON SCHAUROTH
(1874–1970)

„Ich bin pr. pr.!"

Lina von Schauroth

„Ich bin pr. pr.!": So kurz und bündig definiert sich die Frankfurter Künstlerin Lina von Schauroth und hält es im Jahre 1954 in ihrem Tagebuch fest. Diese Selbsterkenntnis sollte eine Abkürzung sein für: „preußisch-protestantisch". Preußisch deshalb, weil sie das Preußentum mit den ihm nachgesagten Tugenden verehrte. Protestantisch bedeutete für sie nicht allein Konfession, sondern eher eine Protesthaltung gegen starre Hierarchien und gesellschaftlichen Umgang. An diese Gesinnung hielt sie sich mit preußischer Beharrlichkeit und Disziplin von frühester Jugend bis zu ihrem Tode.

Lina von Schauroth, genannt „Linz", war seit der ersten Hälfte des 20. Jahrhunderts in Frankfurt eine einmalige Erscheinung, eine starke, unabhängige Frau und eine hochbegabte, vielseitig talentierte Künstlerin.

Sie war Malerin, Graphikerin, Mosaikkünstlerin, Bildhauerin und weit über Frankfurts Grenzen hinaus eine Perfektionistin der Glasmalerei und Glasschliffkunst. Diese beiden zuletzt genannten Künste werden noch heute von nur wenigen Frauen beherrscht. Beim Glasschliff wird nach einer zeichnerischen Vorlage das Motiv aus Milchglas herausgeschliffen, wodurch die Figuren je nach Schliff und Lichtspiegelungen plastisch erscheinen. Auf diese Fähigkeit war sie besonders stolz, denn „man kann sich damit noch eigener und moderner, als in der Glasmalerei ausdrücken", wie sie selbst urteilte. Diese Kunstrichtung traf genau den Zeitgeist der „Klassischen Moderne", auch „Bauhausstil" genannt.

Hans Poelzig (1869–1936), der Erbauer des IG-Farben-Hochhauses im Frankfurter Westend war ein großer Verehrer ihrer Fähigkeiten auf diesem Gebiet und hat ihr persönlich den Auftrag für den zwölfteiligen Glasschliff-Fries mit Sternbildern und Sternenhimmel des großen Sitzungssaales des repräsentativen IG-Farben-Gebäudes erteilt. Viele Sternzeichen sind nach Tieren benannt, wie z. B. Krebs, Steinbock, Fisch, Löwe, Skorpion, das war Lina von Schauroth als großer Tierfreundin und ausgesprochener Meisterin in der Darstellung von Tieren gerade recht. Die sanft silbrig-weiß schimmernde Glasdecke, eingerahmt von den flächigen aber trotzdem plastisch wirkenden Sternbildern rundherum haben eine ganz besondere Atmosphäre erzeugt und überall große Bewunderung hervorgerufen.

Leider gibt es diese Arbeit nur noch als Entwurf – aufbewahrt im Historischen Museum Frankfurt. Durch Detonationen während des letzten Krieges ist der für Erschütterungen empfindliche gläserne Sternenhimmel mit dem Fries für immer verloren gegangen.

Von ihren zahlreichen Werken hat sich in Frankfurt und Umgebung leider nur ein geringer Teil erhalten. Glasfenster in Gebäuden sind fragile Schöpfungen und ließen sich nicht so leicht auslagern, wie beispielsweise Gemälde oder Bücher. Der Abbau ist eine schwere körperliche Arbeit, die Männer waren an der Front, die Fahrzeuge meist konfisziert von der Wehrmacht und das verarbeitete Material zerbrechlich.

Der größte Teil ihrer monumentalen Glasarbeiten, Wandmalereien, Mosaiken als auch Baudekorationen, die sie vor dem 2. Weltkrieg geschaffen hat, haben das tragische Schicksal der deutschen Kunst des 20. Jahrhunderts erlitten und sind im Bombenhagel oder durch Detonationen zerstört worden. Ihre Schaffenskraft und ihr Fleiß waren grenzenlos. Es war ungewöhnlich für eine Frau im Anfang des 20. Jahrhunderts Kunst am Bau auszuüben und Architektur mit Kunst zu bereichern.

Ihre große Stärke war die Darstellung von Tieren, die sie auf Papier, Leinen, Glas, an der Wand in Farbe oder als Mosaiken in Bewegung, Ruhe, charakteristischen Haltungen und Äußerungen darzustellen verstand. Ihre überbordende Tierliebe führte zu einer genauen Beobachtung der Kreatur, der sie stets innig verbunden blieb. Täglich ging sie in die Natur, um Tierstudien zu betreiben, die Skizzen und Entwürfe wurden dann im Atelier ausgearbeitet, oder sie war auf Baustellen, um ihre Kunst am Bau zu überprüfen. Am Ende ihres langen Lebens fand sie den eigenen Stil und schuf Meisterwerke aus den verschiedensten Materialien.

LINA VON SCHAUROTH

So bewegt wie ihre gezeichneten Motive war auch ihr Leben. Am 9. Dezember 1874, drei Jahre nach dem Sieg Preußens gegen Frankreich und der Gründung eines ersten geeinten Deutschlands unter Bismarck und Wilhelm I., wurde Lina von Schauroth in der traditionsreichen Villa am Untermainkai Nr. 70 als jüngstes Kind des bekannten Bauunternehmers Philipp Holzmann (1836–1904) geboren. Das stilvolle Anwesen mit der märchenhaften, parkähnlichen Gartenanlage und dem vielfältigen Figurenschmuck, war ehemals Besitz des Großonkels Goethes, des Privatgelehrten Michael von Löen, verheiratet mit Katharina Sybilla Lindheimer, einer Schwester von Goethes Großmutter mütterlicherseits. Er stellte sein Haus „Auf der Windmühle" 1748 als standesgemäßes Ambiente für die Hochzeitsfeier von Goethes Eltern zur Verfügung. Um 1700 befand sich dort das Landgut des Porträtmalers Johann Matthaeus von Merian, eines Enkels des berühmten Kupferstechers und Verlegers Matthaeus Merian der Ältere, dessen Tochter Maria Sybilla Merian 1647 in Frankfurt zur Welt kam und eine in Europa nicht minder berühmte Malerin und anerkannte Naturforscherin wurde.

Die Skulpturen aus dem Garten am Main befinden sich heute im Besitz des Historischen Museums. Sie sind alles, was von der großzügigen Anlage am Main noch übrig geblieben ist. Das prächtige Haus ist 1925 abgerissen worden. Heute steht auf dem Grundstück das Gewerkschaftshaus.

In dem großen Haus und dem weitläufigen Garten fühlte sich das empfindsame Kind oft sehr einsam. Sie schaffte sich ihre eigene Welt in Gedanken und Träumen durch Beobachtung der Natur und der Tiere in ihrer näheren Umgebung. Für die Lehrer der Schule war sie ein schwer ansprechbares, verstocktes Kind. Sie waren zu unsensibel zu merken, dass sich das verträumte Kind nur den autoritären trockenen Unterrichtsmethoden verschloss. Als Fünfundachtzigjährige bekannte sie: „Mit mir war als Kind gar nichts anzufangen. Still zog ich mit meinem Holzpferd allein durch den Park. Später hatte ich nur Interesse für Pferde, Malerei, Hunde und Katzen. Der Schulunterricht war damals sehr trocken, und da meine Ideen stets bei Malerei und Vaterland weilten, hörte ich wohl nie recht zu; denn ich blieb egal sitzen. Als mir das zum dritten Mal passierte, stand ich doch recht unglücklich vor meinem Vater. Da tröstete er mich mit den Worten: „Weine nicht, Deine Lehrer sind zu dumm für Dich!"

LINA VON SCHAUROTH

Der Vater erkannte ihre Talente und ließ ihr bei Heinrich Hasselhorst (1825–1904), einem bekannten Professor am Frankfurter Städelschen Institut, Zeichenunterricht erteilen. Von ihm erlernte sie die Grundregeln des akademischen Zeichnens und später dann bei Professor Wilhelm Trübner (1851–1917) das Malen nach lebenden Modellen, vor allem von Tieren. Die typischen Bewegungen in einfachen Strichen sichtbar zu machen, hat sie lebenslang studiert und immer mehr perfektioniert.

Neben ihren künstlerischen Ambitionen engagierte sie sich unentwegt für den Schutz der Tiere. Die vielfältigen Aufgaben in diesem Bereich nahmen einen großen Teil ihrer Zeit in Anspruch. Die Teilnahme an politischen sowie gesellschaftlichen Ereignissen war für sie als Tochter des Königlich Preußischen Baurats und Bauunternehmers Philipp Holzmann selbstverständlich. Die Frankfurter Gesellschaft aus den Geldinstituten, der Wirtschaft, Kultur und Wissenschaft traf sich in bestimmten Kreisen, war immer tolerant, liberal und sorgte für ihre Bürger. Als Holzmanns Jüngste lernte sie früh, sich auf diesem Parkett zu bewegen. Der Großvater Johann Philipp Holzmann (1808–1870) hatte die Firma gegründet, sein Sohn sie zur Weltfirma gemacht.

Im Jahre 1866 ist die Freie Reichsstadt Frankfurt in das Preußische Reich eingegliedert worden. Es war die Zeit der industriellen Revolution, die Wirtschaft expandierte allerorts durch neuartige technische Möglichkeiten. Linas Vater hat als tüchtiger Bauunternehmer und Geschäftsmann in dieser Zeit unzählige Großprojekte in Frankfurt, Deutschland und weltweit erstellt, wie z. B. die Frankfurter innerstädtischen Bahnhöfe, Mainbrücken, Häfen, Verwaltungsgebäude, Schulen, Kirchen, Messehallen, Siedlungen usw., das Rathaus in Hamburg, den Kaiser-Wilhelm-Kanal, die spektakuläre Bagdadbahn und für den Orientexpress die Ingenieurarbeiten geleistet, selbst am Assuandamm in Ägypten war er beteiligt. Die spätere Philipp Holzmann GmbH führte u. a. auch die Erdarbeiten für die Stahlkonstruktion des IG-Farben-Gebäudes im Frankfurter Westend aus, nach dessen Fertigstellung Tochter Lina den großen Sitzungssaal mit dem Sternenhimmel ihrer Glasschliffkunst ausschmückte.

Noch Ende des 19. Jahrhunderts war es der Wunsch eines jeden Künstlers nach Paris zu gehen, um dort Anregungen oder sogar einen Durchbruch für die eigene Stilrichtung zu finden. Lina Holzmanns Aufenthalt in der Stadt der Künste war kurz. Den intellektuellen Auseinandersetzungen mit den Studierenden in den Ateliers und den Theorien des Lehrpersonals in den Akademien konnte sie nichts abgewinnen und brachte sie auf künstlerischer Ebene nicht weiter. Sie sehnte sich nach dem überschaubaren Frankfurt zurück.

Dort fand sie dann auch ein Glück ganz anderer Art, als sie in Hanau den Regimentsadjudant Hans von Schauroth kennenlernte und heiratete. Schon als kleines Mädchen hatte sie gesagt, sie werde einmal nur einen preußischen Offizier heiraten. Nun hatte die Einundzwanzigjährige sogar einen fünfundzwanzigjährigen Offizier aus altem preußischem Adel bekommen, dessen Familie seit 1130 nachweisbar war. Der Vater war nicht gerade begeistert von ihrer Wahl. Nicht weil von Schauroth Preuße war, und die Preußen als ehemalige Besatzungsmacht in bestimmten alteingesessenen Frankfurter Gesellschaftskreisen nicht gern gesehen waren – schließlich hat die Stadt durch sie 1866 ihre „Freie Reichsstättigkeit" verloren, sondern weil er lieber einen tüchtigen Ingenieur oder Geschäftsmann als Schwiegersohn in der Firma gehabt hätte. Aber die Tochter setzte sich durch – zielstrebig wie immer. Mit ihrem Ehemann konnte sie ihre Begeisterung für Pferde und das Reiten teilen.

Die Garnisonen ihres Mannes wurden ihr Zuhause, denn sie begleitete ihn zu allen wichtigen Etappen quer durch Deutschland. Schon vorher hatte sie als hervorragende Reiterin an großen Turnieren teilgenommen und so manche Preise erzielt. Für die Zuschauer war es ein gesellschaftliches Ereignis zu sehen, wie auf der Rennbahn eine junge Frau, gewöhnlich im Herrensitz, die männlichen Kollegen auf die hinteren Plätze verwies. Die Siege im Reitsport waren in diesem Lebensabschnitt von größerer Wichtigkeit für sie, als der künstlerische Erfolg.

Nach zehn glücklichen Ehejahren und der Geburt des Sohnes Udo (1905–1988), löste ein tragischer Reitunfall ihres Mannes während eines Manövers eine starke Veränderung ihrer Lebensführung aus. Nach vierjährigen Sanatorienaufenthalten erlag Hauptmann Hans von Schauroth, Ehrenritter des Johanniterordens, seinen schweren Verletzungen. Die fünfunddreißigjährige Witwe und Mutter konzentrierte sich nun mit der ihr eigenen Selbstdisziplin und Schaffenskraft auf ihre Arbeit als Malerin und setzte ihre Studien bei Emil Orlik und Ludwig Hohlwein in München fort.

Ihrem geliebten Mann ein Grabmal zu schaffen, brachte sie dazu, auch die Bildhauerei zu erlernen. 1911 meißelte sie ihm an seiner Ruhestätte auf dem Frankfurter Hauptfriedhof aus hartem Granit ein Denkmal. Sie tat dies im roten Reitkostüm, in dem ihr Mann sie am liebsten sah.

„Für meine alltägliche Kleidung trage ich seit meinem 27. Lebensjahr jetzt immer ein Schneiderkleid mit frackartigem Gebilde, hohem weißen Kragen und Krawatte. Wie einfach! Ich habe auf diese Weise nie etwas mit der Mode zu tun gehabt."

Fast siebzig Jahre hat sie den einmal gefassten Beschluss konsequent durchgehalten, weil sie ihn für richtig hielt. Außerdem war es für sie auch eine stetige Erinnerung an die mit ihrem geliebten Mann geteilte gemeinsame Passion, die dem Pferd galt, das von beiden als das edelste aller Tiere gepriesen wurde.

Ihr früherer Lehrmeister Wilhelm Trübner hatte sie 1902 als jugendliche Reiterin in Öl porträtiert. Der Bildhauer Fritz Klimsch (1870–1960), von dem wir die „Brunnenanlage mit Nymphe" (1929) vor dem ehemaligen IG-Farbenhaus kennen, hatte eine bronzene Reiterstatue von ihr angefertigt.

Es waren immer wieder die Pferde, die Lina von Schauroth mit einer unglaublichen Einfühlsamkeit verstand darzustellen; egal ob in Bewegung, galoppierend, springend, kämpfend oder in ruhiger Haltung, stehend, müde, erschöpft. Sie findet ihren eigenen Stil. Die Malweise wird flächig, dekorativ, streng, wirkt asketisch, oft wie prähistorische Höhlenmalereien. Mit kräftigen, knappen Linien versteht es die Künstlerin auf das Wesentliche hinzuweisen. Sie fertigt gebrauchsgraphische Arbeiten an, wie Bucheinbände, Plakate, Ehrenurkunden, Werbekarten für den Zoo, die Messe, für Reit- und Wohlfahrtsveranstaltungen.

LINA VON SCHAUROTH

Als der Erste Weltkrieg ausbrach, stellte sie sich mit allen ihren verfügbaren Mitteln zur Verfügung. Ihre Kunst diente von nun an vorrangig patriotischen Zwecken. Sie gestaltete Feldpostkarten mit Motiven aus dem Soldatenleben, machte Entwürfe mit Aufrufen für die Kriegsfürsorge, hielt Ansprachen an die Bevölkerung, um für Spenden zu werben. Die gesammelten Liebesgaben brachte sie persönlich mit einem Zweispänner den kämpfenden Truppen bis an die Schützengräben der Westfront. Einmal geriet sie dabei direkt in die Kampflinie, konnte aber schließlich doch noch mit Verwundeten in die Heimat zurückkommen. Kurzzeitig arbeitete sie für das Rote Kreuz, in einer Munitionsfabrik, kümmerte sich um die Hinterbliebenen der gefallenen Soldaten und leitete sogar für drei Jahre (1915–1918) ein Frankfurter Soldatenheim.

Den Leichnam ihres im Krieg gefallenen Neffen (Sohn ihrer Schwester), der als noch Minderjähriger bei den Weißen Dragonern an der Ostfront in Litauen gleich bei seinem ersten Einsatz gefallen ist, holt sie trotz aller Warnungen ohne Rücksicht auf ihr eigenes Leben, aus dem Kampfgebiet heraus. Sie fuhr nach Ostpreußen, von dort mit einem Panjewagen nach Litauen und die ganze Strecke wieder zurück, damit er in heimatlicher Erde bestattet werden konnte.

Für ihre karitativen Verdienste im Ersten Weltkrieg wurde sie mit zahlreichen Ehrungen ausgezeichnet, die sie an der Ordensspange auf ihrer Reituniform bei festlichen Anlässen zeitlebens gerne und stolz getragen hat.

Trotz der veränderten sozialen und politischen Verhältnisse in der Zeit der Weimarer Republik verlor sie nie den Glauben an die Monarchie und ihre Gesinnung blieb stets „preußisch-protestantisch". Das ehemals schüchterne kleine Mädchen machte sogar auf politischem Terrain Karriere, indem sie kaisertreue Reden hielt, sich konservativen Gruppen, Verbänden und Organisationen anschloss, und teilweise auch deren Führung übernahm.

Bei allen vielseitigen politischen und karitativen Aktivitäten vernachlässigte sie nie die hilfsbedürftigen Tiere. Ihre Kunst setzte sie ein, um Kreaturen, die auf den Schutz der Menschen angewiesen sind, angemessene

LINA VON SCHAUROTH

Behandlung zu ermöglichen. Auch mit Wort und Tat protestierte und demonstrierte sie als Präsidentin des Welttierschutzbundes gegen das Aussetzen, Misshandeln und die Vivisektion von Tieren. Sie entwarf Plakate und Spruchbänder und ging damit auf die Straße: „Rechts oder links, die Politik verschwindet, wenn uns das Leid der Kreatur verbindet!"

Sie selber hat sich aus einem Tierheim das hässlichste und traurigste Hündchen ausgesucht, weil es wahrscheinlich nie abgeholt worden wäre und ein neues Zuhause bekommen hätte. Einmal ging sie damit in ein vornehmes Frankfurter Hotel zum Essen, wo jedoch Hunde nicht zugelassen waren. Als sie vom Personal darauf aufmerksam gemacht wurde, ging sie weiter mit den Worten: „Das ist in diesem Sinne kein Hund!" und setzte sich mit dem Hund zu Tisch. Die Promenadenmischung muss so offensichtlich gewesen sein, dass man ihr glaubte und sie bediente.

Sie war die „Grande Dame" der Frankfurter Gesellschaft, eine geschätzte, selbstsichere Persönlichkeit, die, wo immer sie erschien, der absolute Mittelpunkt war. Ihrem treffsicheren, trockenen Humor war kaum jemand gewachsen. In dieser Eigenschaft erinnert sie oft an Goethes Mutter.

Gleich nach Beendigung des Ersten Weltkriegs besuchte Lina von Schauroth in Berlin die Werkstatt der Glasmalerei August Wagner. Diese Kunstrichtung war neu für sie und übte eine große Wirkung auf sie aus. In Glasflächen von monumentalem Ausmaß konnte sie ihre flächig gehaltenen Zeichnungen mit glühender Farbigkeit verbinden. Ihre leuchtenden Fenster waren gefragt, und plötzlich war sie die „Kirchenmalerin", weil sie von vielen Kirchengemeinden Aufträge erhielt. In Frankfurt entstanden Fenster im „Karmeliterkloster" (kriegszerstört), in den evangelischen Kirchen „Paul Gerhardt" in Niederrad, „Jakobskirche" in Bockenheim (beide kriegszerstört), in der katholischen Kirche „Mauritius" in Schwanheim (kriegszerstört), im Börsensaal/Frankfurt (kriegszerstört).

Glasschliffarbeiten fertigte sie nicht nur für das IG-Farben-Gebäude an, sondern auch für die Hohenzollerngruft des Berliner Doms (kriegszerstört), die Berliner Niederlassung der Fa. Philipp Holzmann AG und für das damalige Verwaltungsgebäude der Frankfurter Hoechst AG, um nur eine kleine Auswahl zu nennen.

LINA VON SCHAUROTH

Die Zeit zwischen den zwei Weltkriegen war eine äußerst produktive Schaffensperiode für Lina von Schauroth. Aber nicht nur Kirchen, sondern auch viele private Wohnhäuser, repräsentative Büroräume, Treppenhäuser, Restaurants, Cafes, Casinos, Bahnhöfe, Kriegerdenkmale, Ehrensäulen, kirchliche Gemeindesäle hat sie mit Glasmalerei, Glasschliffkunst, Wandbildern oder Mosaiken in ganz Deutschland versehen. Leider sind auch diese Arbeiten größtenteils durch Bombenhagel, Detonationen, Feuer oder Abriss verloren gegangen. Ihr Sohn Udo von Schauroth hat im Jahre 1984 eine genaue Werkliste der Arbeiten seiner Mutter erstellt und veröffentlicht.

Auch ihr eigenes Haus und Atelier am Schaumainkai, das genau gegenüber dem früheren elterlichen Besitz stand, wurde am 22. März 1944 mit dem Bilderbestand und allen Entwürfen für künftige Arbeiten vernichtet. In dieser Nacht ging die mittelalterliche Frankfurter Altstadt, die für ihre Fachwerkhäuser so berühmt war, bei den Luftangriffen unter. Lina von Schauroth verlor ihren gesamten Besitz, beklagte aber nur den Verlust ihres Katers. In den Trümmern fand sie ihren Monokel und einige Bleistifte wieder, hob es auf mit der für sie typischen Bemerkung: „Da habe ich ja Glück gehabt, da kann ich ja gleich wieder anfangen!" Was sie dann auch „preußisch tapfer" getan hat.

Sie hat es immer verstanden, Dinge, die im Leben passieren und auf die man keinen Einfluss hat, nüchtern und sachlich zu betrachten. Das Holzmannsche Selbstbewusstsein, verbunden mit Unabhängigkeit, und der angeborene Humor haben ihr geholfen, so manchen Schicksalsschlag zu überstehen. Mutter Holzmann hatte einen verschmitzten, schlichten Humor, den ihre Tochter in etwas anderer Weise geerbt hatte und ihr in vielen Lebenssituationen geholfen hat. Als ihre Mutter einmal gefragt wurde, was für sie das Schönste im Leben sei, antwortete sie: „Hunger hawwe un esse derfe, mied sein un schlafe derfe!"

Der Verlust ihres Vermögens, als auch die Zerstörung der meisten ihrer Werke haben keineswegs zu Resignation und Stagnation geführt. Die Zeit nach dem Krieg wurde für die Zweiundsiebzigjährige ein Neubeginn mit einer unvorstellbaren Schaffenskraft, als hätte sie erst jetzt zu ihrem eigentlichen und besten Stil gefunden.

LINA VON SCHAUROTH

Die Motive in den Glasfenstern und architekturbezogenen Zeichnungen und Mosaiken ihrer Nachkriegsarbeiten erscheinen nun noch stärker stilisiert und vereinfacht. Trotzdem ist in den wenigen Strichen das Charakteristische des Themas klar erkennbar.

Aus ganz Deutschland erhielt sie die verschiedensten Aufträge; insbesondere von der Wirtschaft, von Städten, Gemeinden und Privatpersonen aber auch wieder für Kirchen. Ihre kraftvollen, farbigen Werke waren gefragt wie nie zuvor. So schuf sie z. B. für die Marktkirche in Wiesbaden ein sieben Meter hohes Chorfenster, Mosaike in Bahnhöfen, auf Friedhöfen in vielen Städten in Hessen.

1948 stattete sie die evangelische Martinuskirche in Frankfurt mit fünf Glasfenstern aus. Diese Kirche im südlichen Stadtteil Schwanheim gelegen, konnte 1910 durch die finanzielle Unterstützung ihrer besten Freunde Carl von Weinberg und seiner Frau May geb. Forbes gebaut werden.

Wenn es in Frankfurt ein Beispiel ihres vielseitigen Talentes noch gibt, so ist es in der Alten Nikolaikirche in Frankfurts Mitte direkt auf dem Römerberg, gegenüber vom Rathaus zu bewundern. Dort finden wir ein gerettetes Frühwerk und ein neu entstandenes Monumentalwerk aus der Nachkriegszeit. Als Stadtkirche ist sie für die Öffentlichkeit tagsüber immer geöffnet. Geht man hinein, fällt das Auge des Betrachters sofort auf die glühende Farbigkeit der Süd- und Westfenster, sowie auf die fast grissailleartigen Fenster des Chors. Diese deutlich gegensätzlich gestalteten Fenster sind aus ganz verschiedenen Schaffensperioden, so dass kaum ein Besucher glauben möchte, dass sie von ein und derselben Künstlerin stammen.

Diese Glasfenster haben eine wechselvolle und bewegende Geschichte hinter sich: Die drei Südfenster „Flucht nach Ägypten", „Anbetung", „Kreuzigung" und im Westen die „Auferstehung" hat Lina von Schauroth 1922 für die mit ihr eng befreundete Familie Carl von Weinberg angefertigt. Sie wurden in die Privatkapelle ihrer Villa „Waldfried" in Niederrad eingebaut. Die Brüder Carl und Arthur von Weinberg waren Inhaber der chemischen Werke „Cassella", jüdischer Herkunft und evangelisch getauft. Carl von Weinberg war mit der Engländerin May Forbes verheiratet, die

LINA VON SCHAUROTH

der anglikanischen Kirche angehörte. Nach dem frühen Tod seiner Frau war diese Kapelle ein ganz besonders tröstliches Andenken für den Ehemann. Carl von Weinberg musste als Jude Deutschland verlassen und starb 1943 in der Emigration in Italien. Arthur starb im Konzentrationslager Theresienstadt. Die Villa wurde von der nationalsozialistischen Frankfurter Stadtregierung beschlagnahmt.

Lina von Schauroth hatte umsichtig dafür gesorgt, dass die Glasfenster gleich zu Beginn des Krieges in Limburg splittersicher aufbewahrt werden konnten. Während die „Weinbergvilla" den Bomben zum Opfer fiel, haben die Fenster unbeschädigt den Krieg überstanden. Auf Veranlassung der Künstlerin kamen sie unter großen Mühen zurück in ihr geliebtes Frankfurt und wurden in die wieder aufgebaute aber noch fensterlose Alte Nikolaikirche eingesetzt.

Sockelzonen und spitzgieblige Fensterabschlüsse hat sie den neuen Gegebenheiten angepasst. Und wieder waren es Tiere, die sie dabei verwendete: Pelikan und Phönix als Christussymbole für Opfer und Auferstehung.

Die großen Fenster sind in ihrer strengen Form fast in einem mittelalterlichen Muster angelegt. Vielleicht verstand sie die Darstellungsweise als eine Hommage an die Gotik, die Zeit der ersten Buntglasfenster in Kirchen, als die Menschen überwältigt waren von der Leuchtkraft der Farben, die den gesamten Kirchenraum in magisches „Himmelslicht" tauchen konnten. Weil diese Werke zu den wenigen Schöpfungen von Lina von Schauroth gehören, die „überlebt" haben, gewinnen sie einen besonderen Wert.

Die Chorfenster im Osten sind schon die zweite Ausstattung in der Kirche. Die ersten Chorfenster hatte die Künstlerin angefertigt, als die Nationalsozialisten an die Macht gekommen waren. Sie bestanden darauf, auf die Gestaltung Einfluss zu nehmen und forderten, dass keine „christliche Figuren", sondern „unauffällige christliche Symbole" gezeigt werden sollten. So erhielt das Mittelfeld die Symbole der vier Evangelisten, in ähnlicher Form, wie sie auch heute zu sehen sind. Der Löwe des Markus, der Stier des Lukas in den unteren Feldern, denn es sind die Tiere, die auf der Erde leben. Darüber die „himmlischen Figuren", der Adler des Johannes, der Engel für Matthäus und an der Spitze Alpha und Omega als weitere Christussymbole. Den Hintergrund bildete damals ein Holzstabornament – sollte es eine Anspielung auf ihren Mädchennamen (Holzmann) sein?

Die vier seitlichen Felder waren mit den gewünschten, von Christen aber verstandenen Symbolen geschmückt, wie Kelch, Ähren, Lebensbrunnen und Weinranken mit Trauben („Ich bin der Weinstock und ihr seid die Reben", Johannes 15). War dieses Symbol vielleicht auch ein Hinweis auf den Namen eines der Stifter, ihre Freunde May und Carl von Weinberg? Darunter waren die Wappen der Stifter angebracht: von Weinberg, von Schauroth und von Schnitzler. 1939 war alles fertig eingebaut und fünf Jahre später, im März 1944 unwiederbringlich durch Luftangriffe vernichtet.

1951 hat die 77-jährige Künstlerin den gesamten Chor ein zweites Mal neu ausgestaltet. Jeden Tag erschien sie auf der Baustelle, um die Arbeiten zu überwachen. Während das Mittelfeld der ersten Fassung sehr ähnlich ist, sind die vier Seitenfenster mit den aufrechten Gestalten der vier Evangelisten völlig verändert. Dem Jüngling Johannes, als Einziger ohne Bart, hat sie ihre Gesichtszüge verliehen, weil sie sich selbst als Jüngerin Christi sah. Wie Matthäus schreitet er auf die Mitte zu und schaut nach unten auf den Weg. Die zwei inneren Figuren, Lukas und Markus sind ruhig stehend und erheben ihren Blick nach oben zu den Christussymbolen. Als Schreibende tragen sie Feder und Buch.

Die religiösen Werke der Lina von Schauroth in der Alten Nikolaikirche sind aus ihrem Glauben heraus geschaffen, für uns zur Andacht bestimmt. Jedoch durch die Verflechtungen des Schicksals der jüdisch-christlichen Familie von Weinberg mit den Fenstern in ihrer Privatkapelle und der Geschichte der Chorfenster vor und nach dem Krieg, sind sie auch ein Teil deutscher Geschichte geworden.

Anhand der Fenster können wir die Zeit der Weimarer Republik nachvollziehen, als die Weinbergs noch völlige gesellschaftliche Akzeptanz besaßen. Sie waren ein fester Bestandteil des Frankfurter Bildungsbürgertums, nicht weil sie reich und getauft waren, denn ihre jüdische Herkunft war bekannt. Die Glasmalereien sind weiterhin ein Spiegelbild der unrühmlichen Geschichte Deutschlands aus der nationalsozialistischen Zeit und der Phase des Wiederaufbaus nach dem Krieg für eine demokratische Bundesrepublik, in der Lina von Schauroth ihre christlichen Figuren verwirklichen konnte.

Die Glasfenster in der kleinen bescheidenen Kirche inmitten der Stadt sind zum Denkmal geworden. Somit wirkte sie nicht nur als eine Künstlerin, sondern auch als Chronistin ihrer geliebten Heimatstadt, mit der sie sich fast hundert Jahre eng verbunden fühlte.

Für ihren Fleiß und ihre Zielstrebigkeit war der Vater immer das große Vorbild, der sich in seine Arbeit so sehr versenken konnte, das er nichts um sich herum wahrnam. Auch die Tochter hat kaum einen Tag vergehen lassen, an dem sie nicht mit bedingungsvoller Hingabe ihre Kunst praktizierte. Das Leben an sich verstand sie als Disziplin.

Der Sohn erzählte, dass sie sich noch im hohen Alter vorgenommen hatte, jedes Jahr dreißig Mal schwimmen zu gehen. Als sie am Ende der Sommersaison zum letzten Mal ins Niddabad gehen wollte, war das Bad schon geschlossen. So ist sie als achtzigjährige Frau kurzerhand über den Zaun geklettert und hat die gewohnten Runden gedreht, denn es wäre undenkbar gewesen, wenn sie ihr Jahressoll nicht hätte erfüllen können.

Nach dem Krieg zog sie in eine kleine Wohnung in der Rüsterstraße 24 im Westend. Sie lebte dort zusammen mit der Schriftstellerin Lotte Tiedemann und der treuen Haushälterin Anna Peter.

Die feierliche Einweihung des wiederhergestellten Kaisersaals im Frankfurter Rathaus Römer am 9. Juni 1955 durch Bundespräsident Theodor Heuss war für Lina Schauroth als stets kaisertreue Verehrerin deutscher Geschichte ein großes Ereignis. Beim anschließenden Empfang sprach die Einundachtzigjährige einen Toast aus und schlug so kräftig an ihr Glas, dass es zersprang. Sie äußerte dabei mit lauter Stimme den Wunsch noch zu erleben, dass wieder ein Kaiser vom Römer zum Dom schreiten möge. Heuss überging den Eklat mit Humor. Jedoch der Magistrat der Stadt Frankfurt sah darin einen Angriff auf die Demokratie und strich sie vorübergehend von den Einladungslisten. Der früher politisch aktiven Künstlerin kam es aber nur darauf an, auf das mangelnde Geschichtsbewusstsein der Nachkriegszeit aufmerksam zu machen und alte Traditionen nicht zu vergessen.

Im Jahre 2004 sorgte ein Wandbild der Künstlerin von 1925 in der Talkirche zu Eppstein/Taunus für Missverständnisse. Es diente als Gedenktafel für die Gefallenen des Ersten Weltkrieges. Der darauf abgebildete betende Ritter mit Stahlhelm und die Inschrift: „Das Reich muss uns doch bleiben", war Anlass zu Unmut. Der Text ist aus Martin Luthers Lied: „Ein feste Burg ist unser Gott" entliehen. Daraus ist eindeutig zu verstehen, dass Luther damit nicht das weltliche Reich, sondern das Himmelreich meinte, wie andere Betrachter es richtig stellten.

Mit dreiundneunzig Jahren hat sie ihre letzte Arbeit vollendet: einen Entwurf für eine Pferdegruppe als Wandgemälde für eine Reithalle. Es war fast schon als göttliche Fügung anzusehen, dass sie gerade mit ihrem Lieblingsmotiv, der Pferdedarstellung, ihre künstlerische Tätigkeit vollendete. In den letzten drei Jahren ihres Lebens empfand sie es als das Schlimmste, nicht mehr arbeiten zu können, weil sie nicht mehr genug sehen konnte. Eine Augenoperation hatte nicht den gewünschten Erfolg gezeigt.

Kurz vor Beendigung ihres sechsundneunzigsten Lebensjahres ist sie am 6. November 1970 gestorben. Beerdigt wurde sie neben ihrem früh verstorbenen Mann, dessen Grabmal sie auf dem Frankfurter Hauptfriedhof geschaffen hatte.

1984 gab es anlässlich ihres 110. Geburtstages eine Gedächtnisausstellung über sie, ausgerichtet von ihrem Sohn Udo in der Galerie der Heussenstamm-Stiftung Frankfurt.

JOHANNA KIRCHNER (1889–1944)

„Seid tapfer und unverzagt!
Lasst Euch vom Leid nicht erdrücken!"

Johanna Kirchner

„Seid tapfer und unverzagt! Lasst Euch vom Leid nicht erdrücken!"

Diese Mut machenden Worte schrieb mit festen gleichmäßigen Schriftzügen die Frankfurterin Johanna Kirchner angesichts des Todes am 9. Juni 1944 in der letzten Stunde ihres Lebens aus der Todeszelle der Strafanstalt Berlin-Plötzensee. Wenige Minuten vor ihrer Hinrichtung wegen Landesverrats durch den so genannten „Volksgerichtshof", verstand sie es, auf zwei voll geschriebenen Seiten Gefängnis-Briefpapier den Hinterbliebenen noch Trost zuzusprechen, den sie doch selbst am nötigsten brauchte.

„Seid tapfer und unverzagt!"

Es war überhaupt bezeichnend für ihr ganzes Leben, dass sie in Situationen der eigenen Not und Bedrängnis an andere dachte und sich um sie sorgte.

Woher nahm sie diese innere Kraft und Stabilität? Schöpfte sie aus dem Erbe ihrer Vorfahren, aus dem Kreis der Familie und politischer Freunde?

Johanna Kirchner wurde in eine sozialdemokratische „Familiendynastie" hineingeboren und ist in die Arbeiterbewegung hineingewachsen. Sie wurde am 24. April 1889 in Frankfurt am Main als erstes Kind von Karoline Stunz geb. Prinz und Ernst Stunz geboren. Fünf weitere Geschwister folgten in knappen Abständen. Alle sechs Kinder: die Töchter Johanna, Betty, Dorothea und die Söhne Heinrich, August, Jean wurden, wie schon die Eltern und Großeltern in der Arbeiter- und Gewerkschaftsbewegung tätig. Dasselbe gilt auch für die später angeheirateten Ehepartner aller „Stunzkinder".

Der Vater Ernst Stunz hatte als selbstständiger Schreinermeister eine eigene Werkstatt im Ostend der Stadt, Maulbeerstraße 6, nahe Tiergarten, wo er mehrere Gesellen beschäftigte und die Familie auch wohnte. Nicht allzu weit entfernt davon war die Gaststätte der Großeltern mütterlicherseits, Babette und Heinrich Prinz, genannt „Der rote Prinz" in der Allerheiligenstraße. Das Lokal lag genau gegenüber dem alten Gewerkschaftshaus und wurde zum „linken Treffpunkt" der Sozialdemokraten des Ostends.

Es war nicht ungefährlich, sich in der Gaststätte sehen zu lassen, da das von Bismarck erlassene „Sozialistengesetz" die SPD und die Zusammenkünfte der Angehörigen untersagte und strengstens überwachte. Den Enkelkindern wurde erzählt, wie der Großvater wegen Nichtbeachtung des Gesetzes nach Bad Vilbel „verbannt" wurde und sogar ein halbes Jahr Gefängnisstrafe verbüßen musste.

Auch die Frauen der Familie engagierten sich politisch trotz großer Risiken. In der Zeit der Abwesenheit ihres Mannes führte Großmutter Anna Babette mit ihrer Tochter Karoline, Johanna Kirchners Mutter, die Gaststätte weiter. Bei einer polizeilichen Hausdurchsuchung wickelte sie sich in aller Eile geistesgegenwärtig und unerschrocken die Parteifahne unter den Röcken um den Bauch, um einer Verhaftung zu entkommen. Drei Jahre lang hat sie das Lokal aufrechterhalten und dabei noch die fünf Kinder großgezogen.

Johanna oder auch Hanna, wie sie meist genannt wurde, war noch nicht ein Jahr alt, als das Verbot der jungen sozialdemokratischen Partei 1890 aufgehoben wurde. Es bedeutete aber nicht, dass damit die Ächtung der Angehörigen der Partei innerhalb der Gesellschaft beendet war.

Die Arbeiter- und Handwerkerfrauen bildeten Tarnvereine in der Zeit des Sozialistengesetzes. Nach dessen Aufhebung entstand in Frankfurt 1891 der „Verein zur Vertretung der Interessen der Arbeiterinnen". Johannas Mutter gehörte als Kassiererin zum Vorstand.

In diesem Kreis der politisch motivierten Familie wuchs Hanna auf und es entging ihr nichts. Aufmerksam verfolgte sie die Gespräche der Erwachsenen zu Hause, in der Werkstatt des Vaters und in der Wirtschaft der Großeltern, wenn sie als Bedienung aushalf. Auch im alten Gewerkschaftshaus, gleich gegenüber, hielt sie sich oft auf. Sie wurde geprägt nicht nur von dem, was sie hörte, sondern auch von dem was sie sah. Sie wurde konfrontiert mit der allgegenwärtigen bitteren Armut: dem Hunger der kinderreichen Arbeiterfamilien, ihren unwürdigen Wohnverhältnissen in den Mietskasernen (zwei Drittel der Kinder starben noch vor dem fünfzehnten Lebensjahr), der Ungerechtigkeit der Bezahlung, der Benachteiligung der Frauen per Gesetz, der Unterdrückung politisch Andersdenkender und überhaupt dem unbeschreiblichen Elend während des Ersten Weltkriegs und dem Nachkriegshunger mit den entsetzlichen Epidemien.

Das soziale und politische Engagement der Eltern Stunz und Großeltern Prinz übte einen großen Einfluss auf das heranwachsende Kind und seine spätere Entwicklung und Tätigkeit aus.

Als Kind lernte sie schnell und gut. Nach dem Besuch der „Uhland-Volksschule", absolvierte sie eine zweijährige private Handelsschule und hatte danach keine Mühe, eine gut bezahlte Stelle als Sekretärin bei einer großen Firma in der Hanauer Landstraße zu finden. Nach dem Tode ihres Mannes Heinrich war die Großmutter Babette gezwungen, die Gaststätte allein weiter aufrechtzuerhalten. Hanna half ihr, den Gästen Speisen und Getränke an die Tische zu bringen.

Bei dieser Gelegenheit lernt sie im Jahre 1910 ihren späteren Mann Karl Kirchner kennen. Er war zwar gelernter Schlosser, konnte aber wegen eines früheren Lungenleidens seinen Beruf nicht ausüben und schulte sich deshalb um für einen kaufmännischen Beruf. Durch sein ausgeprägtes Schreibtalent fand er eine umfassende Tätigkeit als Journalist für Reisejournale, Broschüren, politische Zeitungen und im SPD-Parteisekretariat.

Hanna wird von allen Menschen, die mit ihr hier in Frankfurt zu tun hatten als äußerst fleißig, kontaktfreudig, lebendig, attraktiv und modebewusst beschrieben. Sie verstand es, sich elegant und geschmackvoll zu kleiden. Sie ging großzügig mit dem Geld um, wenn es sich um den Kauf von Hüten, Schuhen oder Handtaschen handelte, die farblich immer auf die Kleidung abgestimmt sein mussten. Ihre Großzügigkeit beschränkte sich keineswegs nur auf den Kauf von Modeartikeln oder Geschenken, sondern auch auf ihren Umgang mit anderen Menschen. Sie entsprach einfach ihrem Charakter. Es war ihr in jeder Beziehung zuwider, sich mit Kleinigkeiten abzugeben.

JOHANNA KIRCHNER

Als Hanna 1913 Karl Kirchner heiratete, gab es bereits schon die gemeinsame Tochter Lieselotte. Im Jahr darauf wurde die zweite Tochter Inge geboren. Die junge Familie wohnte in der Usinger Straße in Bornheim.

Zusammen mit ihrem Mann organisierte sie, angesichts der Not der Zeit, während und besonders nach dem Ersten Weltkrieg ein umfassendes Hilfsprogramm in der Arbeiterschaft. Karl Kirchner, der wegen seiner Krankheit nicht an die Front geschickt wurde, nutzte den Freiraum, um eine „Frankfurter Kriegsfürsorge" aufzubauen, die in der ehemaligen Großmarkthalle im Ostend untergebracht war.

Trotz des Gleichberechtigungsgesetzes für Frauen in der Weimarer Verfassung von 1919 wurde auch bei den Sozialdemokraten immer noch als selbstverständlich angesehen, dass die pflegerischen und praxisbezogenen Aufgabenschwerpunkte den Frauen zu überlassen seien.

Für Hanna haben die karitativen Erwägungen bei ihrer Arbeit immer im Vordergrund gestanden. Die ideologischen Motivationen waren für sie natürlich Ausgangspunkt ihrer Tätigkeit, wurden aber hintenangestellt, wenn es galt, hungernden Kindern, Waisen, oder Obdach-, Heimat-, Arbeitslosen und Frierenden unbürokratisch Hilfe zu verschaffen. Sie organisierte Beratungsstellen für verschiedene Bereiche, Kinderkrippen, Wärmestuben, Heimarbeitsplätze für Frauen. Eine wichtige Arbeit war für sie die Verschickungsaktion der Kinder aus den Kohlegebieten des Rheinlandes, die von der Ruhrbesetzung betroffen waren.

Immer wieder plädierte sie gegen Almosenverteilung, die das Übel nicht bei der Wurzel packen, sondern für Selbsthilfe und für ein Mindestmaß an Existenzsicherung durch Gesetzgebung. Ihr Engagement war nicht allein nur Mitleid und Ausdruck eines Verantwortungsgefühls, sondern fester Wille soziale und bildungsorientierte Forderungen politisch durchzusetzen.

Da es noch keine übergeordneten Hilfseinrichtungen gab, organisierte 1919 die Frauenrechtlerin und Parlamentarierin der Weimarer Nationalversammlung Marie Juchaz mit anderen Frauen und Männern die „Arbeiterwohlfahrt" (AWO): die erste Selbsthilfegruppe der Arbeiterschaft, eine konkrete Hilfe für Arme.

JOHANNA KIRCHNER

Erst nach dem Zweiten Weltkrieg ist die AWO eine von Parteien vollkommen unabhängige Organisation geworden.

Johanna Kirchner gründete noch im gleichen Jahr, 1919, einen Ortsausschuss der AWO in Frankfurt. Ihr schnelles Einfühlungsvermögen in neue Situationen, ihre rasche Auffassungsgabe für die an sie herangetragenen Probleme und ihre unbürokratische Arbeitsweise halfen ihr, die zahlreichen Aufgaben zu bewältigen. Mit ihrem ungewöhnlich gewinnenden Wesen, verstand sie es, auch andere Frauen für die Fürsorgetätigkeit zu begeistern.

Ihre Zuhörer liebten ihre Auftritte bei den Versammlungen. Nie hat sie theoretisiert oder die unnahbare Politikerin herausgekehrt. Sie sprach immer aus dem Herzen heraus, temperamentvoll und überzeugend. Sie hatte das Talent, ihre Emotionen auch poetisch auszudrücken. Das kleine Gedicht von ihr am Ende dieses Kapitels ist nur ein Beispiel aus einer reichhaltigen Sammlung.

Unbeirrbar war sie in dem Glauben an das Gute im Menschen. Der vorbehaltlose und arglose Umgang mit ihnen zeigte allerdings auch ihr Unvermögen die Mitmenschen richtig einzuschätzen.

Der Mangel an Menschenkenntnis brachte ihr kein dauerhaftes Glück mit den Männern. Als die Kinder dreizehn und elf Jahre alt waren, ließ sie sich von Karl Kirchner scheiden, nachdem beide schon lange Zeit allein lebten. Für die beiden Töchter Lotte und Inge bedeutete die Scheidung der Eltern kein allzu schmerzhafter Bruch in ihrem Leben. Vater und Mutter verstanden und respektierten sich nach der Scheidung noch ausgezeichnet und versorgten gleichermaßen die Kinder. Wieviel ihr der erste Mann bedeutete, ersieht man auch daran, dass sie weiter seinen Namen trug. Diese beiden ausgeprägten Persönlichkeiten konnten trotz Liebe und lebenslanger Hochachtung nicht miteinander auskommen.

Noch im selben Jahr der Scheidung heiratete Johanna Kirchner den Lehrer Paul Schmidt aus Zeilsheim. Er war sozialdemokratischer Abgeordneter in Höchst. Höchst war noch eine selbstständige Stadt und wurde erst 1928 nach Frankfurt eingemeindet. Paul Schmidt soll nach Einschätzung der

JOHANNA KIRCHNER

Zeitgenossen der totale Gegensatz von Karl Kirchner gewesen sein, der als ernst, peinlich genau und streng beurteilt wurde.

Das Zusammenleben mit dem zweiten Mann war nur ein befristetes Glück von einem Jahr. Sie verließ kurzerhand die gemeinsame Wohnung, um nach Bornheim in die Kettelerstraße zu ziehen.

Paul Schmidt überlebte Hanna um dreißig Jahre. Nach einer Gefängnisstrafe wegen „Vorbereitung zum Landesverrat" im Jahr 1937, lebte er versteckt in den Pyrenäen und wurde nach Kriegsende in die hessische Staatskanzlei berufen.

Noch einmal verliebte sich Hanna in einen Mann, der ihrer Liebe nicht Wert war. Er verstand es, ihre Leidenschaft auszunutzen und betrog sie mit anderen Frauen. Als es nicht mehr zu übersehen war, was für ein charakterloser Mensch er war, wollte sie ihrem Leben ein Ende setzen. Alles konnte diese starke, selbstbewusste Frau ertragen, aber menschliche Enttäuschungen im privaten Bereich brachten sie außer Fassung.

Die Machtübernahme der NSDAP am 30. Januar 1933 veränderte Johannas Leben und das ihrer Freunde grundlegend. Im Mai desselben Jahres begannen die Repressalien: Judenboykotte, Bücherverbrennung auf dem Römerberg, Verfolgung der politisch Andersdenkenden.

Das neue Gewerkschaftshaus in der Bürgerstraße (heute „Wilhelm-Leuschner-Straße"), das der bekannte Architekt Max Taut 1932 errichtete, wurde von den neuen Machthabern besetzt und die Bürounterlagen konfisziert. Während das Haus gestürmt wurde, nahm Hanna, die als Sekretärin dort hauptamtlich arbeitete, eilig die Mitgliederkarteien der Frankfurter Sozialdemokraten und Gewerkschaftler an sich und verhinderte damit den schnellen Zugriff auf die Gesuchten.

Wenn es darum ging, Bedrohten und Verfolgten zu helfen, dann war das immer für sie selbstverständlich. Es war aber für eine Frau durchaus nicht selbstverständlich, sich gegen ein Regime zur Wehr zu setzen und ihr Leben zu riskieren, um das Leben anderer zu retten. Damit zeichnet sie sich nicht nur als eine mutige, sondern auch als eine außergewöhnliche Persönlichkeit aus.

Die Nationalsozialisten wurden auf Johanna Kirchner und ihre Aktivitäten aufmerksam, als sie nach Genf reiste, um bei dem Gewerkschafter Wilhelm Leuschner Hilfe für den sozialdemokratischen Reichstagsabgeordneten Dr. rer. pol. Carlo Mierendorf zu bitten, der ins KZ verschleppt worden war. Leuschner konnte ihm trotz bestem Willen nicht helfen.

Mierendorf kam 1943 bei einem Bombenangriff in Leipzig ums Leben. Leuschner wurde 1944 in Plötzensee hingerichtet – einige Monate nach Hannas Tod.

Zurückgekehrt nach Frankfurt, sollte sie verhaftet werden, konnte aber noch rechtzeitig bei Freunden untertauchen und emigrierte schließlich nach Saarbrücken. Das Saargebiet stand noch bis 1935 unter der Herrschaft des Völkerbundes. Erst dann sollte ein Volksentscheid die Zugehörigkeit entweder zu Deutschland oder Frankreich regeln.

Von dem Zeitpunkt ihrer Flucht ins Saarland begann das „ganze Emigrantenelend", wie Hanna es in einem Brief ausdrückte, verbunden mit Geldnot, Arbeitssuche, Sorge um die eigene Existenz, dem Heimweh nach den Kindern, Freunden und ihrem geliebten Frankfurt. Es half ihr wenig zu wissen, dass Zigtausende, die in dieser Zeit Zuflucht in anderen Ländern gesucht hatten, mit ähnlichen Schwierigkeiten kämpften.

Die ebenfalls geflüchtete Marie Jucharz hatte in der Saarbrückener Bahnhofstraße ein kleines einfaches Lokal eröffnet, wo Johanna eine Anstellung als Spülerin und Servierin fand. Ihre Kenntnisse im Gastwirtschaftsbetrieb, die sie bei Großmutter Babette in Frankfurt erlernt hatte, kamen ihr jetzt zugute. Diese Wirtschaft wurde bald ein beliebter Emigrantentreffpunkt für die unterschiedlichsten politischen Splittergruppen.

Hier wurde die nun 44-jährige Johanna Kirchner zwangsläufig zur aktiven Widerstandskämpferin. Die Auslands-SPD „SOPADE" (Sozialdemokratische Partei Deutschlands), sorgte für Kontakte von „draußen nach drinnen". Umgekehrt kamen von den zu Hause Gebliebenen Nachrichten an die Exilanten. Informationen über Hitlerdeutschland weiterzugeben war Hochverrat und wurde mit mindestens fünfzehn Jahren bis lebenslangem Zuchthaus oder mit dem Tode bestraft. Ihr war bewusst, dass sie längst durch Spitzel erfasst und bei der Gestapo registriert war. Trotzdem hat sie ihre Arbeit aufrechterhalten, um den ankommenden Emigranten Hilfe zu vermitteln. Auch frühere Bekannte aus Frankfurt fanden sich in Saarbrücken ein. So traf sie dort auf Lore Wolf, mit der sie am Ende ihres Lebens noch einmal zusammentreffen sollte.

Der Status quo für das Saarland hatte ein Ende nach der Volksabstimmung der wahlberechtigten Saarländer am 13. Januar 1935. Für die Flüchtlinge, die für den Erhalt des Status gearbeitet und gekämpft hatten, war das Ergebnis eine bittere Niederlage. Nur 8,8 % votierten für den unabhängigen Status, 0,4 % für eine Angliederung an Frankreich und 90,8 % für Deutschland.

Von nun an wurde der Exodus immer bedrohlicher. Hanna, die über keinerlei Geldmittel verfügte, ging den kürzesten Weg über die Grenze in das kleine französische Städtchen Forbach. Dort arbeitete sie in einer Beratungsstelle für die Flüchtlinge aus dem Saargebiet und für so genannte Reichsdeutsche, um sie in allen rechtlichen, sozialen und praxisbezogenen Angelegenheiten zu unterstützen. Sie half den Spaniern, die unter General Franco ihr Land verlassen hatten wie auch den Freiwilligen der Internationalen Brigaden nach Spanien zu gelangen, um dort gegen das faschistische Regime zu kämpfen. Am Ende siegte Franco mit Hilfe Deutschlands und Italiens.

1937 verlor Johanna Kirchner die deutsche Staatsangehörigkeit. Als Staatenlose hatte sie damit weniger Möglichkeiten ihre Hilfsprogramme durchzusetzen.

Im Mai 1939, es war noch Frieden, hat sie sich mit ihren Töchtern in den Vogesen endlich einmal treffen können. Es sollte das letzte Zusammentreffen vor dem Kriege sein. Später erinnern sich Lotte und Inge, dass ihre Mutter plötzlich frankfurterisch sprach, was sie zu Hause nie getan hatte. Ungewollt hat die Sprache die Sehnsucht nach der Heimat ausdrücken wollen.

JOHANNA KIRCHNER

Mit dem deutschen Überfall auf Polen im Jahr 1939 brach der Zweite Weltkrieg aus. Damit begann auch gleichzeitig eine Veränderung der französischen Asylpolitik. Die Franzosen empfanden allmählich die Emigranten als lästig, was sich auf Hannas Arbeit negativ auswirkte. Die politischen Flüchtlinge wurden gezwungen, die grenznahen Gebiete zu verlassen, und in Richtung Westen verwiesen.

Nun folgte eine Kette von Internierung und Drangsalierung. Von heute auf morgen wurde sie von einem Lager in das andere hin und her geschoben, sogar zwischendurch einmal kurz in Metz inhaftiert. Das letzte Internierungslager erlebte Hanna im Süden Frankreichs, nahe der spanischen Grenze in Gurs – ein früheres Auffanglager für Spanienflüchtlinge, nun wurde es ein Internierungslager für Frauen. An politische Arbeit war nicht mehr zu denken. Es galt nur noch in den menschenunwürdigen, dreckigen Unterkünften und bei der dürftigen Verpflegung zu überleben. Den Verfolgten wurde nahe gelegt, Frankreich zu verlassen. Ein erneutes Exil kostete Geld, woher sollte sie es nehmen?

Der Druck auf die Asylanten steigerte sich bis zur Unerträglichkeit, als im Juni 1940 deutsche Truppen Paris und große Teile Frankreichs besetzten. Viele waren auf der Flucht in den noch freien Süden des Landes. Die Lager waren berstend gefüllt von verzweifelten Flüchtlingen. Viele Menschen starben an Unterernährung, andere sind seelisch zerbrochen. Hanna weigerte sich zu resignieren, sie fühlte sich nicht als Feind, der eingesperrt war, sondern hoffte, den Feinden Hitlers von Nutzen zu sein.

Angst und Schrecken überkam sie, als bekannt wurde, dass sich die französische Regierung im Waffenstillstandsvertrag verpflichtet hatte, alle namhaft gesuchten Deutschen auf Verlangen auszuliefern – dazu gehörte auch Johanna Kirchner. Der Lagerkommandant in Gurs kannte Hanna aus Forbach und war so mutig, sie gegen die Anordnung frei zu lassen.

Sie war der Gestapo noch einmal entkommen – aber wohin sollte sie gehen? Geld für eine Schiffspassage hatte sie nicht. Als Staatenlose war sie ohne Pass, ohne Visum oder Aufenthaltsgenehmigung. Sie hatte auch keine Beziehung zu Menschen, die ihr in irgendeiner Weise hätten helfen können. So irrte sie in der Falle Südfrankreich auf den Straßen und Wegen umher – immer in Angst entdeckt zu werden.

Jetzt bereute sie, die zuvor angebotene französische Staatsbürgerschaft abgelehnt zu haben, weil sie „an der Heimat festhalten" wollte, wie sie sagte.

In Avignon rief plötzlich jemand in deutscher Sprache ihren Namen. Sie wagte nicht, sich umzuwenden, denn mit diesem Trick wurden die Verfolgten von den Spitzeln im Ausland aufgespürt. Aber es war ein Weggefährte aus der Zeit des „Saarkampfes", der konservative Journalist Johannes Hoffmann von der Zentrumspartei. Er hatte Unterschlupf in einem Kloster in Limoges gefunden. Dorthin nahm er Hanna mit. Hoffmann flüchtete später nach Brasilien, kehrte 1945 nach Deutschland zurück und wurde 1947 Ministerpräsident des Saarlandes.

In diesem Kloster lernte sie den jungen deutschstämmigen polnischen Pater Paul Ischler kennen. Die fünfzigjährige konfessionslose Hanna verband eine tiefe Freundschaft zu dem 26-jährigem katholischen Priester. Sie fühlte sich einsam. Ihre Kinder hatte sie schon lange entbehrt. Sie brauchte einen Menschen, dem sie sich anvertrauen konnte. Sie lebten zwei Jahre wie Mutter und Sohn, teilten ihre Sorgen und Nöte und gaben sich Halt durch den Glauben. Ohne die durch ihn erworbene Religiosität hätte Hanna wahrscheinlich nicht die Kraft gefunden, so gefasst das zu ertragen, was noch auf sie zukommen sollte.

Das Aufspüren von politischen Flüchtlingen und Juden in Südfrankreich nahm ein immer größeres Ausmaß an. Das Kloster schien nicht mehr sicher zu sein. Sie verließ die Klostermauern und nahm sich ein kleines Häuschen in Aix-les-Bains. Vor einer Flucht mit ihrem jungen Freund über die Schweizer Grenze wurde sie von Einheimischen dringend gewarnt. Es war lebensgefährlich. So blieb Hanna in ihrem letzten Asylort.

Eines Tages wurde sie abermals in deutscher Sprache auf der Straße angesprochen, wie damals in Avignon. Aber diesmal war es keine vertraute Person, sondern ein Spitzel der Vichy-Regierung, die mit der deutschen Besatzung kollaborierte. Als sie sich unbedacht zu ihm umdrehte, war er sicher, die lange gesuchte Widerstandskämpferin Johanna Kirchner aus Frankfurt entdeckt zu haben. In aller Frühe wurde sie am nächsten Tag verhaftet und nach Paris in das Gestapogefängnis mit dem sarkastischen Namen „La Santé" gebracht.

Ischler wagte dann doch noch allein die Flucht in die Schweiz und ging später in die USA. Zu einer Gedenkfeier des 40. Todestages Hannas, kam er als 66-jähriger Mann nach Frankfurt.

Hannas Leidensweg war noch nicht beendet. Von Paris ging es ins Frauenzuchthaus Cottbus, von dort nach Saarbrücken, wo ihre Töchter sie nach mehr als drei Jahren endlich einmal besuchen konnten. Dann ging es weiter nach Berlin-Moabit zur Gerichtsverhandlung mit Zwischenstation im Frankfurter Gefängnis Hammelgasse. Zu diesem Zeitpunkt war in dem Gefängnis auch ihre Tochter Lotte als Widerstandskämpferin inhaftiert. Die Wärterin Elisabeth Wetzel ermöglichte ein Zusammentreffen der beiden, obwohl es für sie lebensbedrohlich war. Mutter und Tochter konnten sich wiedersehen und ihre Aussagen miteinander absprechen.

Im Moabiter Gefängnis traf sie unerwartet die alte Frankfurter Freundin Lore Wolf. Mit ihr war sie schon in Saarbrücken für die Flüchtlingshilfe tätig gewesen. Lore Wolf wie auch Johannas Töchter waren erschüttert über ihren körperlichen Verfall. Aus einer schönen jungen Frau war ein „zusammengeschrumpftes, fahlsichtiges Wesen" geworden.

Im Mai 1943 wurde Johanna Kirchner zu einer Zuchthausstrafe von zehn Jahren verurteilt. Alle waren glücklich über das Urteil, denn man war überzeugt, dass es keine zehn Jahre mehr dauern würde, bis eine gerechtere Zeit anbrechen würde.

Von Berlin aus wurde sie wieder zurück nach Cottbus gebracht. Sie war überglücklich, dass sie dort ihr erstes Enkelkind Hannele, das Kind ihrer Tochter Inge, zu sehen bekam.

Ohne jede Begründung hat der Präsident des Volksgerichtshofes Roland Freisler die schon Verurteilte zu einem zweiten Prozess wieder nach Berlin geladen. Es gab keine neuen Tatbestände, keine Formfehler, nur Justiz-

JOHANNA KIRCHNER

willkür. Zehn Jahre waren Freisler zu wenig. Es reichten ihm wenige Minuten, um sie wegen volksverräterischer Handlungen zum Tode zu verurteilen.

Am 9. Juni 1944 wurde Johanna Kirchner zur Exekutionsstätte Plötzensee transportiert und auf der Guillotine hingerichtet. Ein knappes Jahr später war der Krieg zu Ende. Ihr Leichnam wurde den Hinterbliebenen nie übergeben, trotzdem steht ihr Name auf dem Grabstein der Familie.

An der Nordseite der Paulskirche, gleich links neben dem Denkmal der Opfer des Faschismus ist eine Gedenkplakette für sie angebracht. Das dort abgebildete Profil zeigt allerdings sehr wenig Übereinstimmung mit den Beschreibungen ihrer Zeitgenossen und den noch vorhandenen Fotographien.

In der Ernst-May-Siedlung in Frankfurt-Westhausen ist eine Straße nach ihr benannt.

Seit 1951 gibt es eine „Johanna-Kirchner-Stiftung" und ein „Johanna-Kirchner-Altenzentrum" in Frankfurt.

Ich habe ihren letzten Brief auf Gefängnis-Schreibpapier gelesen. „Seid tapfer und unverzagt!" Drei Mal erwähnt sie diese Mahnung in dem Abschiedsbrief. Beigefügt waren ihm zwei exakt gestickte Handarbeiten in Form von zwei Herzen mit den Namen ihrer Töchter darin. Wer, wie ich, das in den Händen gehalten hat, kann es nicht ungerührt zurücklegen. Ein Mensch, der lebenslang mitmenschlich gelebt hat, wird in einer unmenschlichen Zeit von Unmenschen der Guillotine übergeben.

Ihr erster Mann, Karl Kirchner, dessen Namen Hanna stets stolz getragen hat, ist nach mehrmaligen Gefängnisstrafen kurz nach Beendigung des Zweiten Weltkriegs an Lungen- und Kehlkopftuberkulose gestorben.

Ihre Schwester Betty Arndt arbeitete lebenslang ehrenamtlich in der Arbeiterwohlfahrt, war Stadtverordnete und Stadträtin in Frankfurt. 1974 erhielt sie die „Wilhelm-Leuschner-Medaille". Bis zu ihrem Tode lebte sie im

JOHANNA KIRCHNER

Altenzentrum, dass nach ihrer Schwester Johanna genannt wurde. Sie war die Mutter des Frankfurter Oberbürgermeisters Rudi Arndt.

Alle Nachfahren der weit verzweigten Familie haben sich für Gerechtigkeit und Humanität in der Gesellschaft verantwortlich gefühlt, ihre Arbeit für Hilflose und Verfolgte eingesetzt und damit einen Beitrag gegen das Vergessen geleistet.

Johanna Kirchner wollte keine Heldin sein, hatte keine Umsturzpläne oder gar Attentatsversuche im Sinn, sondern hat ihr Leben für ein lebenswertes Leben für alle Menschen in einer sozialen, demokratischen Welt eingesetzt.

> Allen Menschen, die da leiden,
> Möcht' ich milde Sterne zeigen,
> Die sich aus der Wolken Dunkel
> Trost verkündend niederneigen.
> Und den Menschen, die ich liebe,
> Möcht' ich alles, alles geben,
> Was mit lichtem holden Zauber
> Schmücken kann ein Menschenleben,
> Dass die Schatten trüber Stunden
> Ihnen fern vorübergleiten,
> Dass sie auf umsonnten Pfaden
> Hohem Ziel entgegen schreiten

Johanna Kirchner

MARGARETE SCHÜTTE-LIHOTZKY
(1897–2000)

„Wer sich nicht wehrt, landet am Herd!"

Margarete Schütte-Lihotzky

„Wer sich nicht wehrt, landet am Herd!"

An Wänden von Schul- und Universitätsgebäuden konnte man in den 60er und 70er Jahren des vergangenen Jahrhunderts diesen Satz als gut gemeinte Warnung öfters lesen.

Die Architektin Margarete Schütte-Lihotzky (geboren am 23.1.1897 in Wien) wäre sicherlich darüber sehr erstaunt gewesen. Denn sie hatte doch schon 40 Jahre früher mit ihrem Entwurf der „Frankfurter Küche" alles versucht, den Frauen die Küchenarbeit zu vereinfachen, damit sie entlastet sind und berufstätig sein können.

Ernst May, Stadtbaurat und Leiter des Frankfurter Hochbauamtes hatte die 29-jährige Wiener Architektin Margarete (genannt Grete) Lihotzky 1926 nach Frankfurt geholt. Margarete Lihotzky war Absolventin der K.K. Kunstgewerbeschule Wien und Schülerin von Oskar Strnad und Heinrich Tessenow gewesen. Sie hatte schon in der Siedlerbewegung des „Roten Wiens" engagiert an sozial durchdachten Bauten und Wohnungen gearbeitet und dabei besonderen Wert auf Rationalisierung der Hauswirtschaft gelegt. Aber erst in Frankfurt entwickelte sie die international berühmte „Frankfurter Küche", die Mutter aller Einbauküchen. Die Wohnküche hatte damit ausgedient.

Die Wohnungsfrage war bereits vor dem Ersten Weltkrieg ungelöst gewesen, das Problem hatte sich nach dem verlorenen Krieg aber noch drastisch verschärft. Die Wirtschaft war geschwächt durch Gebietsverluste, Reparationskosten an die Alliierten, Inflation, Weltwirtschaftskrise, Arbeitslosigkeit, Hunger, Epidemien, Flüchtlingsströme und Wohnungsnot. Die Städte drohten durch Bevölkerungszuwachs zu verslumen.

Zwischen 1925 und 1930 entwickelte die Stadt Frankfurt ein einzigartiges Modell sozialdemokratischer Stadtplanungs- und Sozialpolitik.

MARGARETE SCHÜTTE-LIHOTZKY

Darin schufen maßgeblich vier Männer und eine Frau das so genannte „Neue Frankfurt": Oberbürgermeister Ludwig Landmann, Kämmerer Bruno Asch, Kulturdezernent Max Michel, Stadtbaurat Ernst May und Margarete Lihotzky.

Die Bezeichnung „DAS NEUE FRANKFURT" war der Name eines Architekturmagazins und wurde ein Synonym für die gesamte Ära der 20er Jahre in Frankfurt. 15 500 neuartige, lichtdurchflutete, erschwingliche Wohneinheiten entstanden in neuen Siedlungen am Stadtrand. Es waren kleine, aber klug aufgeteilte Wohnungen für Familien mit geringem Einkommen. Eine Pionierleistung in dieser Zeit, angesichts der wirtschaftlichen und politischen Situation.

Grete Lihotzkys „Frankfurter Küche" war die Krönung des neuen Bauens. Auch bei ihren vielseitigen anderen Entwürfen war es immer ihr Ziel, Bauprozesse und Hausarbeit schon von der Planung her zu reduzieren und zu vereinfachen. Nicht nur Design und Anordnung der Kücheneinrichtung hatten ästhetisch und zweckmäßig zu sein, die Arbeit in der Küche sollte leicht und zeitsparend sein.

Vorbild war die Küche eines Speisewagens eines Zuges. Mit 6,50 qm knapp bemessen, enthielt sie jedoch alles, worauf man im sozialen Wohnungsbau nicht verzichten wollte. Das von ihr propagierte „Kochlaboratorium" machte die Frau zur Herrin einer durchrationalisierten Arbeitsstätte.

Alle nötigen Handgriffe für die Zubereitung einer Mahlzeit wurden zwecks Optimierung mit der Stoppuhr gemessen, damit lange Wege entfielen und effiziente Arbeitsabläufe möglich waren.

Die Küche enthielt: einen Rolltisch, davor ein Fenster mit Lüftungsschlitzen, eine verstellbare Hängelampe, ein herunter- und hochklappbares Bügelbrett, eine Glasschiebetür zum Wohnzimmer, ein Spülbecken, Abfalleimer, Speiseschrank, Kochkiste, Schütten, Hängeschränke, einen höhenverstellbaren Hocker u.v.m. Die ursprüngliche Farbe der Einbaufronten war ultramarine-blau, weil man herausfand, dass dieses spezielle Blau die Fliegen abstieß.

MARGARETE SCHÜTTE-LIHOTZKY

Nur eine Person konnte sich in der U-förmigen Küche aufhalten. Die Möbel waren auf die Maße einer Frau bemessen. Obwohl die neue Küche für die damaligen Frauen einen Umlernprozess der gewohnten Lebensführung im häuslichen Bereich bedeutete, wurde sie ein triumphaler Erfolg. Alles, was möglich war, auch Armaturen und Beschläge, wurde genormt, in Serie ca. 10 000 Mal hergestellt und in die Wohnungen des „Neuen Frankfurt" eingebaut. Die Küche kostete je nach Qualität der Ausstattung 543 Mark bis 761 Mark.

Heute haben sich die sozialen Strukturen grundlegend geändert. Das „Kochlabor", in dem allein die Hausfrau den Ton angibt, ist nicht mehr im Trend. Die Tendenz geht zum hochstilisierten Wohnraum mit integrierter exklusiver Küchenzeile. Oft ist die Küche auch als Box, Container oder Raumkapsel zu erkennen – angepasst an die neue Lebensführung der Minifamilie der westlichen Welt und natürlich auch auf die Maße des Mannes abgestimmt.

Jedoch die „Frankfurter Küche" wurde durch Grete Lihotzky weit über Frankfurt und Deutschland bekannt und führte nicht nur zu einer Geschmacksveränderung bzgl. des Designs, sondern ist von der Architektin auch als Emanzipationsprozess verstanden worden.

Grete Lihotzky spezialisierte sich außerdem auf Schul- und Lehrküchen, baute Wohnungen für alleinstehende berufstätige Frauen, Kindergärten und entwickelte das so genannte „Zwofa", ein Einfamilienhaus, das sich ganz den veränderten Lebenssituationen und damit den Raumbedürfnissen der Bewohner anpassen ließ. Sie schuf Einrichtungen für Nachbarschaftshilfe, Zentralwaschküchen, Radio-, Lese- und Gesellschaftsräume. Ihr Engagement galt immer dem sozialen Bauen, stets hatte sie die Verwirklichung eines Traums für eine gerechte, bessere Welt im Blick.

Durch die steigende Arbeitslosigkeit in den 20er Jahren wurden Doppelverdiener bei Ehepaaren nicht mehr geduldet. So musste Grete Lihotzky, seit 1927 verheiratet mit dem Architekten und Mitarbeiter Ernst Mays, Wilhelm Schütte, das Hochbauamt Frankfurt verlassen. Die Weltwirtschaftskrise stoppte zudem die Finanzierung und damit die Realisierung des Frankfurter Wohnungsbaus.

MARGARETE SCHÜTTE-LIHOTZKY

Ernst May und sechzehn seiner Mitarbeiter, darunter auch Grete Schütte-Lihotzky (nach der Eheschließung nun mit Doppelnamen), sahen für die Verwirklichung ihrer Pläne eine Zukunft in der Sowjetunion.

1930 kam die legendäre „Brigade May" in Moskau an. Sie erarbeitete Großprojekte für völlig neue Wohngebiete jenseits des Urals z. B. für das sibirische Magnitogorsk. Auch hier wirkte sie wieder als Spezialistin für Kinderanstalten.

Allerdings blieben durch das Missmanagement der Stalin-Ära in der UdSSR viele Pläne auf dem Papier. Hinzu kam, dass ab 1937 die Arbeiten ausländischer Experten durch Repressalien unmöglich gemacht wurden.

Auf Grund ihrer Heirat deutsche Staatsbürgerin geworden, konnte sie nicht mehr nach Deutschland zurückkehren. Vergeblich versuchte das Ehepaar in Paris und London eine neue Existenz aufzubauen. Erst in Istanbul an der „Academie des Beaux Arts" erhielt sie den Auftrag, Frauenschulen in Anatolien zu bauen.

Ihr soziales Engagement brachte sie in Kontakt mit einer österreichischen Widerstandsgruppe gegen den Nationalsozialismus. 1940 wurde sie Mitglied der Kommunistischen Partei Österreichs. Sie verließ das sichere türkische Exil und reiste nach Wien, um dort mit den österreichischen Genossen Verbindung aufzunehmen.

Fast alle Angehörigen der Organisation wurden durch Verrat gefasst und anschließend hingerichtet. Auch für Grete Schütte-Lihotzky war die Todesstrafe beantragt. Durch eine Reihe unvorstellbarer Zufälle, glücklicher Umstände und die Solidarität von ihr nahe stehender Menschen, wurde sie zu fünfzehn Jahren Zuchthaus „begnadigt".

Knapp fünf Jahre davon hat sie bis zum Ende des Krieges verbüßt – ein Großteil in Einzelhaft. Sie selbst bezeichnete ihre lange qualvolle Haftzeit als „eine Minute Dunkelheit, die mich nicht blind macht".

MARGARETE SCHÜTTE-LIHOTZKY

48 Jahre alt war sie, als sie aus dem Zuchthaus des deutschen Städtchens Aichach von kanadischen Truppen befreit wurde. Jetzt wollte sie endlich das tun, was sie hervorragend beherrschte, nämlich Häuser bauen.

Es war die Zeit des Kalten Krieges. Sie war Kommunistin und wurde im wahrsten Sinne des Wortes „kaltgestellt". Bis auf zwei Kindergärten bekam sie bis zum Endes ihres Lebens keine kommunalen Aufträge. So arbeitete sie privat für die KPÖ und entwarf wieder Kinderbauten im sozialistischen Ausland z. B. in Sofia, Kuba, der DDR und anderswo.

Sie publizierte die theoretischen und praktischen Erkenntnisse ihrer sozialreformerischen Bauten und hielt zahlreiche Vorträge darüber und übergab den Bericht über ihre Erlebnisse aus der Zeit von 1937–1945 insbesondere über den Widerstand, der Öffentlichkeit. Sie fühlte sich zu dieser Schilderung den Nachgeborenen und den Historikern verpflichtet, weil kein einziger, mit dem sie zusammengearbeitet hatte, diese Zeit überlebte.

Obwohl ihre Ideen beim Wiederaufbau nach 1945 kaum beachtet worden sind, erhielt sie seit den 80er Jahren wiederholt Ehrungen, Preise und Medaillen. Die Hochschulen der Stadt München, Wien, Hamburg und Graz verliehen ihr den Ehrendoktor.

1993 hat ihr das Wiener „Museum für Angewandte Kunst" eine eigene Ausstellung über ihr Gesamtwerk gewidmet.

1997 zeigte das „Deutsche Architektur Museum" in Frankfurt zu Ehren ihres 100. Geburtstages eine Ausstellung der „Frankfurter Küche". An diesem Tag hat sie, trotz ihres hohen Alters, mit dem Wiener Oberbürgermeister Walzer getanzt.

Sie lebte allein und war bis zum letzten Tag ihres Lebens hellwach. Trotz ihres schweren entbehrungsreichen Lebens hat sie drei Jahrhunderte erlebt.

Am 18. Januar 2000, einige Tage vor ihrem 103. Geburtstag, ist sie an den Folgen einer Grippeerkrankung gestorben.

MARGARETE SCHÜTTE-LIHOTZKY

Im Hochhaus der Helaba-Thüringen, eher bekannt als „Maintower", befindet sich im Eingangsbereich ein monumentales Glasmosaik: die „Frankfurter Treppe". Der Künstler Stephan Huber hat hier auf eindrucksvolle Weise herausragende Persönlichkeiten des 20sten Jahrhunderts, die in enger Beziehung zu Frankfurt standen, miteinander vereint. Fast genau in der Mitte des Bildes entdecken wir Grete Schütte-Lihotzky mit ihrem typischen Haarschnitt der 20er Jahre, zwischen ihrem Kollegen Martin Elsässer, der Architekt der Großmarkthalle 1928 in Frankfurt und Vertretern der „Frankfurter Schule".

Der Maintower ist das bislang einzige öffentlich zugängliche Hochhaus mit Aussichtsplattform, Restaurant und HR-Studio, so dass jeder sich das Kunstwerk ansehen kann.

Frankfurt hat kürzlich auch eine Anlage in der Nähe der Ernst-May-Siedlung Westhausen ihr zu Ehren benannt. Als international renommierte Architektin, Widerstandskämpferin und Frauenrechtlerin im lebenslangen Einsatz für eine bessere Welt hat sie diese Erwähnung wahrlich verdient.

ELISABETH SCHWARZHAUPT
(1901–1986)

Erste Bundesministerin

„Die Wurzeln, die ich hier habe verliert man nicht so leicht!"

Elisabeth Schwarzhaupt

Jeden Morgen, wenn Adenauer im Kabinett der vierten Bundesregierung die Sitzung eröffnete, begrüßte er die Anwesenden gewohnheitsgemäß mit den Worten: „Morjen meine Herren!" Damit provozierte er die einzige anwesende Frau, Dr. Elisabeth Schwarzhaupt, die sich mit Nachdruck die Anrede „Ministerin" gewünscht hatte. Als sie gegen die Geschlechtsvereinnahmung protestierte, antwortete er: „In diesem Kreise sind auch Sie ein Herr!"

Erstmals in der Geschichte der BRD gab es eine Ministerin für ein ebenfalls neu eingerichtetes Ressort „Gesundheitswesen".

Natürlich interessierte sich in dieser Zeit der Aufbauphase der Republik die Öffentlichkeit für die Frage, wer denn diese Frau sei, und wie sie ihr verantwortliches Amt zu führen gedachte.

Wer war diese Frau? Für die Frankfurter Lokalpatrioten war es wichtig, dass sie ein Kind dieser Stadt war, das bis dahin ca. 50 Jahre ihres Lebens in ihrer Stadt verbracht hatte.

Am 7. Januar 1901 kam sie, als erstes Kind eines Lehrerehepaars zur Welt. Die Familie wohnte zuerst im Nordend in der Günthersburgallee. Einige Jahre später zog sie um nach Bockenheim in die Marburgerstraße. Die Eltern kamen aus gutbürgerlichen Verhältnissen und gehörten zu den praktizierenden Protestanten der Reformierten Gemeinde. Gottesdienste und anschließende Gespräche über den Inhalt der Predigt waren im liberalen Elternhaus die Regel. Dies begründete sicherlich die lebenslange Bindung der Tochter an das Christentum. Auch die Beschäftigung mit Politik war Familientradition. Der Vater, als Mitglied der Nationalliberalen Partei, sorgte immer für lebhaften Gesprächsstoff mit der Tochter und dem zwei Jahre jüngeren Sohn.

ELISABETH SCHWARZHAUPT

Für die Eltern war es selbstverständlich, dass auch die Tochter Abitur machen und studieren sollte. Die Schillerschule in Sachsenhausen, Morgensternstraße 3 war die erste und beste Bildungseinrichtung, auf der Mädchen ein anerkanntes Abitur machen konnten, das zum Studium an einer Universität berechtigte.

1908 wurde die Schule eröffnet, ein stattlicher Bau im Jugendstil. Heute ist die Schule ein typisches Nachkriegsgebäude. Bereits 1913 gab es Platz für 463 Schülerinnen. 25 % der Mädchen waren jüdischen Glaubens, was den hohen intellektuellen Anspruch der jüdischen Frankfurter Bevölkerung beweist.

Eine Schule für gymnasiale Mädchenbildung war trotz eines enormen Spendeneinsatzes von Privatleuten, wie Rothschild und Bethmann, nicht so einfach durchzusetzen. Bei den bis heute bekannten unliebsamen Diskussionen um städtische Zuschüsse meinten einige Herren, dass „die meisten Mädchen zum Privatvergnügen studieren und nur wenige einen Beruf wählen, wovon die Welt einen Nutzen hat".

Sie konnten nicht wissen, welchen Nutzen die Welt hatte von den Schülerinnen des Gymnasiums z.B. von: Carola Barth (1884–1959) Lehrerin der Schillerschule, Schriftstellerin, Kommunalpolitikerin; Ilse Bing (1899–1998) weltberühmte Fotografin, genannt: die Königin der Leica; Helene Mayer (1910–1953), Olympiasiegerin im Florettfechten 1936, Weltmeisterin 1937; Ilse Werner (1921–2005), Filmschauspielerin der UFA und Sängerin; Stefanie Zweig (geb. 1932), Schriftstellerin, ihr Roman „Nirgendwo in Afrika" wurde verfilmt und als bester ausländischer Film in Hollywood prämiert. Sie wohnt heute wieder in Frankfurt; Christiane Nüsslein-Volhard (geb. 1942) Nobelpreisträgerin für Medizin 1995, Genforschung; und Elisabeth Schwarzhaupt, Bundesministerin, um nur einige zu nennen.

Als Elisabeth Schwarzhaupt 1920 Abitur machte, waren Frauen noch nicht zu allen akademischen Berufen zugelassen. Auf Anraten des Vaters machte sie zunächst eine Ausbildung als Lehrerin. Erst danach konnte sie ihren Willen durchsetzen und Jura in Frankfurt und Berlin studieren. Es war immer schon ihr größter Wunsch gewesen, Jugend- und Vormundrichterin zu werden. Beseelt von den neuen Ideen der bürgerlichen Frauenbewegung, die für eine uneingeschränkte Berufsausbildung für alle akademischen Disziplinen eintrat, hoffte sie darauf, am Ende des Studiums als Richterin tätig werden zu können. Ein Jahr vor ihrer Promotion 1933 gelang ihr dieser Schritt.

Zuvor sammelte die junge Juristin berufliche Erfahrungen an der „Städtischen Rechtsauskunftsstelle" in der Hochstraße in Frankfurt. Durch diese Beratungsstelle erhielt sie Einblicke in die Nöte der Frauen aus zerrütteten Verhältnissen in Ehe und Familie und erkannte sehr früh die Mängel des geltenden Familienrechts, das Frauen diskriminierte.

Als bewusste evangelische Christin und kritische bürgerliche Frauenrechtlerin sah sie die Gefahren, die der Frauenbewegung in der nationalsozialistischen Zeit drohten. Sie bewarb sich bei der Deutschen Evangelischen Kirche (damals DEK) als Juristin, wurde Beamtin und am Ende des Krieges zur Oberkirchenrätin ernannt, zusätzlich arbeitete sie ehrenamtlich in vielen Frauenverbänden. Sie sah die Kirche anfangs idealisiert als eine „schützende Insel", musste aber dann miterleben, wie die Mitglieder der „Bekennenden Kirche", wie Pastor Niemöller und Dibelius verhaftet wurden. Ihre eigene und der Kirche Hilflosigkeit in dieser Zeit quälte sie später immer wieder. Nach dem Krieg kehrte das „Frankfurter Kind" zurück zu den Eltern, die nun in der Höllbergstraße wohnten.

In der Nachkriegszeit repräsentierten die Frauen die Mehrheit der Bevölkerung in Deutschland. Mit all ihrer Kraft und Begeisterungsfähigkeit wendete Schwarzhaupt sich an die Frauen, um sie für einen Neuanfang im zerstörtem Land zu gewinnen. Ihre langjährige Tätigkeit in gehobener Position innerhalb der evangelischen Kirche und in überparteilichen Frauenverbänden half ihr dabei.

1953 trat sie der CDU bei. Sie war der Überzeugung, dass ein Politiker als Christ seine Aufgabe zu erfüllen hat. Noch im selben Jahr wurde sie als „Seiteneinsteigerin" Mitglied des Deutschen Bundestages und gehörte dem Rechtsausschuss an. Das bedeutete für sie Abschied von Frankfurt, Abschied von 17 Jahre Kirchenarbeit und ein neues Leben auf der politischen Bühne in Bonn.

ELISABETH SCHWARZHAUPT

Auf diesem Terrain nutzte sie ihr Wissen als erfahrene Juristin, die Gleichstellung von Mann und Frau zu verwirklichen. Politik sollte nicht mehr nur Männersache sein. Obwohl die hessische Sozialdemokratin Elisabeth Selbert schon die „uneingeschränkte Gleichstellung" von Männern und Frauen in unserer Verfassung erstritten hatte, gab es doch noch erhebliche Mängel bezüglich Ehe und Familie. Im berühmt berüchtigten „Gehorsamsparagraph", war immer noch festgelegt, dass allein der Ehemann in allen Angelegenheiten des ehelichen Lebens zu bestimmen habe z. B. bei strittigen Erziehungsfragen, im Hinblick auf Religionszugehörigkeit der Kinder, Finanzen und außerhäusliche Erwerbstätigkeit der Ehefrau. Dass alle diese Zurücksetzungen und Benachteiligungen der Frau und Mutter abgeschafft wurden, haben wir der Sachkenntnis und Überzeugungskraft der Frankfurter CDU-Abgeordneten Dr. Elisabeth Schwarzhaupt zu verdanken.

Vergleicht man die polemischen Reden ihrer Gegner im Bundestag der vierten Regierung nach der Gründung der Bundesrepublik mit den Reden der Abgeordneten der Paulskirchen-Versammlung 1848, also einhundert Jahre zuvor, so kann man dabei kaum einen Unterschied feststellen. Die politische Emanzipation der Frauen machte den Männern immer noch Angst. Jedoch mit fundierten Darlegungen hat sie unerschrocken ihre Position vertreten und sich nicht einschüchtern lassen. Die beeindruckende Sachlichkeit überzeugte auch viele Mitglieder der SPD und wurde belohnt.

Am 1. Juli 1958 konnte das neue Gleichberechtigungsgesetz in Kraft treten.

Zur Bundestagswahl 1961 wollten die Frauen der CDU endlich eine Frau als Ministerin sehen. Sie hatten schließlich eine „Spitzenkandidatin" vorzuweisen: Dr. Elisabeth Schwarzhaupt. Dreimal hat die „Mutter" der Fraktion Helene Weber bei Adenauer diese Forderung gestellt, aber er antwortete nur abweichend: „Frau Weber, wat haben Sie für ein schick' Hütchen auf". Seine Entscheidung war schon getroffen und entsprang einem geschickten Kalkül: „Wir müssen überhaupt die Frauen etwas mehr poussieren, damit sie besser wählen".

ELISABETH SCHWARZHAUPT

Elisabeth Schwarzhaupt hatte er schon als Ministerin für das neue Ressort Gesundheitswesen vorgesehen. Als Frau und Protestantin erschloss sie eine neue Wählerschaft. Viel lieber hätte Schwarzhaupt als qualifizierte Juristin das Justiz- oder das Jugend- und Familienministerium übernommen. Der autoritäre Kanzler konnte sich aber auf diesem Gebiet nur einen Mann vorstellen.

Sie hat Adenauer stets bewundert: „Adenauer verehrte die Frauen, er war immer ritterlich gegen sie, aber in der Politik betrachtete er sie als lästige Notwendigkeit" so beurteilte sie ihn später. Er dagegen hat sich oft despektierlich über sie geäußert. Er bezeichnete sie des Öfteren als „das Kirchenfräulein" – eine recht unpassende Bezeichnung für eine Frau von 60 Jahren. Sie war Oberkirchenrätin, hatte viele Ehrenämter in der evangelischen Kirche und war unverheiratet.

Die folgenschweren Auswirkungen des Naziregimes zerstörten ihre Liebesbeziehung zu einem jüdischen Arzt in Gelsenkirchen. Er musste seine Praxis aufgeben, flüchtete in die Schweiz und danach ins Exil nach Maryland (USA), wo er später eine jüdische Ärztin kennenlernte und mit ihr eine Familie gründete. Elisabeth Schwarzhaupt sah keine Möglichkeit, im Ausland ihren Unterhalt verdienen zu können und zögerte, ihm zu folgen. Ihr Verlöbnis wurde gelöst und lebenslang hat sie keine nähere Bindung mit einem Mann mehr aufgenommen.

In ihrer Amtszeit als Ministerin von 1961–1966 baute sie das neue Ministerium zu einem modernen Dienstleistungsbetrieb aus. Sie brachte Gesetze und Verordnungen auf den Gebieten des Umweltschutzes, Lebensmittel- und Apothekenwesens, der Humanmedizin u.v.m. auf den Weg. Nach fünfjähriger Amtszeit verlor sie, trotz ihrer erfolgreichen Arbeit, das Amt an die Sozialdemokratin Käthe Strobel.

Jetzt konnte sie sich verstärkt wieder den juristischen Problemen der Fraktion zuwenden. Sie verhalf zu einer neuen Reform des Nichtehelichenrechts. Auch der Dienst in den verschiedenen evangelischen Arbeitskreisen war ihr weiterhin sehr wichtig.

ELISABETH SCHWARZHAUPT

Wie beliebt sie als Mensch und Politikerin war, lässt sich an den vielen öffentlichen Ehrungen ablesen. Sie erhält das Großkreuz des Bundesverdienstordens im Palais Schaumburg von Kanzler Ludwig Ehrhard.

Nach 16-jähriger Tätigkeit in höchsten Staatsämtern der Bundesrepublik kam sie in ihre Geburtsstadt Frankfurt zurück und lebte in dem ihr vertrauten Stadtteil Eschersheim. Die Liebe zu ihrer Heimatstadt blieb bis zuletzt.

„Die Wurzeln, die ich hier habe, verliert man nicht."

1976 wurde sie vom Ministerpräsidenten Albert Oswald mit der „Wilhelm Leuschner Medaille" ausgezeichnet.

Hochgeehrt verstarb Elisabeth Schwarzhaupt am 9. Oktober 1986 im Alter von 85 Jahren in Frankfurt. Auf dem Hauptfriedhof der Stadt fand in aller Stille und im engsten Familienkreis die Beisetzung statt – ganz im Sinne dieser bescheidenen, bedeutenden Persönlichkeit der Geschichte der Bundesrepublik.

Zwei Jahre später wurde in Eschersheim eine Parkanlage nach ihr genannt.

1997 schmückte ihr Porträt eine Briefmarke aus der Serie „Frauen in der deutschen Geschichte".

In ihrer integren klugen Art diente sie der Bundesrepublik auf besondere Weise und hat, wie Holger Börner und Rainer Barzel sich ausdrückten: „zur Vermenschlichung von Staat und Gesellschaft beigetragen!"

Ihr politisches Handeln im Streben nach Gerechtigkeit und Demokratie hat die nachfolgende Generation von Juristen geprägt. Sie wurde Wegbereiterin für neue Gesetze, wie z. B. das neue Ehescheidungsgesetz, dass das Schuldprinzip durch das Zerrüttungsprinzip ablöste, auch dass seit 1993 die Frauen ihren Geburtsnamen bei Eheschließung behalten können.

„Mein Leben war nicht immer leicht, aber ich war in guter Hut".

ELISABETH SCHWARZHAUPT

So blickte sie zurück auf ein Leben mit Höhen und Tiefen, zwei Weltkriegen, zwei Inflationen, zerbrochenem Liebesglück, Frauenarbeit im Außenamt der Deutschen Evangelischen Kirche, auf einen erfolgreichen Kampf um die Gleichberechtigung von Mann und Frau und ihre Pionierarbeit im Gesundheitsministerium.

In meiner 36-bändigen Brockhaus-Enzyklopädie ist sie noch nicht einmal erwähnt.

NACHWORT

Der eine oder die andere meiner Leser und Leserinnen fragt sich vielleicht: warum diese Frauen und nicht jene oder mehr? Ich selbst habe im Nachhinein festgestellt, zu wenige „vergessene" Frauen erwähnt zu haben, die Würdigung und Anerkennung verdienen.

Spontan denke ich dabei an die tüchtigen **Handelsfrauen**, die auf dem Römerberg im Mittelalter und in der Barockzeit selbstständig als Ehefrauen oder Witwen maßgeblich am Messegeschäft mit Tuchen, Pelzen, Modewaren und Juwelen beteiligt waren. Sie besaßen und führten erfolgreich Banken und Handwerksbetriebe. Selbstbewusst bewegten sie sich zwischen den vier „Ks": Küche, Kinder, Kirche und Kontor. Sie verhalfen damit Frankfurt zur internationalen Bedeutung, denn noch bis heute gehören einige der in Frankfurt abgehaltenen Messen zu den größten der Welt.

Die Frankfurter Pietistinnen des 17./18. Jahrhunderts, wie ***Johanna Eleonora von Merlau zu Merlau (1644–1724)*** und ***Susanna Catharina von Klettenberg (1723–1774)***, „die schöne Seele" in Goethes „Wilhelm Meister", haben es gewagt, zu religiösen Fragen der Zeit ihre Stimme zu erheben und einen beachtlichen Einfluss auf die geistliche Erziehung und Bildung von Mädchen genommen. Ihnen hat die Pfarrerin Dr. Gerlind Schwöbel in ihren Büchern ein Denkmal gesetzt.

Künstlerisch begabte Damen der Oberschicht haben in der Männerwelt des 18. Jahrhunderts ihre Talente als Nische genutzt und beachtliche Karrieren, auch mitunter finanziellen Erfolg, erzielt, wie wir 2007 in der Ausstellung „Blickwechsel" von Ursula Kern im Historischen Museum erfahren konnten.

Hervorzuheben wäre die Dichterin und philosophische Schriftstellerin der Generation der deutschen Frühromantiker ***Caroline von Günderrode (1780–1806)***: Da sie aus einer verarmten Adelsfamilie stammte und ohne Vermögen nicht standesgemäß verheiratet werden konnte, fand sie in einem Damenstift der Cronstetten-Hynspergischen-Stiftung am Roßmarkt eine materielle Lebensgrundlage. Ihre Bildung musste sie sich selbst aneignen, ihre Gedichte anonym veröffentlichen. Ihre Jugend war gezeichnet von Krankheiten, dem Tod fast aller ihrer Familienangehörigen, finanzieller Not sowie zurückgewiesener Liebe zu einem verheirateten Mann. Gepeinigt von Depressionen setzte sie in Winkel am Rhein ihrem Leben ein Ende. Sie wäre völlig vergessen, hätten nicht andere Frauen sich ihrer erinnert. Ihre Freundin Bettine Brentano, die Schriftstellerin Christa Wolf und die Bibliothekarin Doris Hopp vom Freien Deutschen Hochstift haben einfühlsam über sie berichtet.

Ich denke an die kämpferischen Frauen, die sich nach dem Sieg über Napoleon für eine republikanische Freiheitsbewegung engagierten. Sicherlich kennt jeder Einwohner Frankfurts den Mundartdichter, Verleger und politischen Schriftsteller Friedrich Stoltze, aber nur wenige seine Schwester *Annett Stoltze (1813–1840)*, die nach missglückten Befreiungsversuchen ihrer Mitstreiter eine Haft im Rententurm am Main verbüßen musste und im Alter von 27 Jahren an den Folgen starb. Bei seiner Mutter *Anna Stoltze (1789–1868)* hat so mancher politisch Verfolgte im Gasthaus „Zum Rebstock" Zuflucht gefunden, was für sie und die ganze Familie ein großes Risiko bedeutete.

Erwähnenswert ist die Pianistin *Clara Schumann (1819–1896)*, die schon in ihrer Jugendzeit ein Magnet in der Musikwelt war. Kaum jemand weiß, dass sie sich Frankfurt bewusst als neuen Wohnsitz ausgewählt hatte, als sie 1878 als einzige weibliche Lehrkraft am Hoch'schen Konservatorium in der Eschersheimer Landstraße angestellt wurde. Ihr Ehemann Robert Schumann war schon 22 Jahre tot und sie musste den Lebensunterhalt für sich und ihre acht Kinder verdienen: „die Stadt künstlerisch manches bietend, das herrliche Museumsorchester, das Theater, die Stadt nicht zu groß. Alles viel leichter zu erreichen als in Berlin ..." waren, ihren Worten gemäß, die entscheidenden Kriterien. Sie hat 18 Jahre in der Myliusstraße 32 gewohnt, ist in Frankfurt gestorben, aber in Bonn beigesetzt worden.

Unvergesslich sollten die enthusiastischen Sympathiebezeugungen der *Frankfurter Frauen während der Zeit der Nationalversammlung 1848* in der Paulskirche bleiben.

Die Frauen waren von der Versammlung ausgeschlossen, hatten kein Wahlrecht und damit keine Mitbestimmung über die Geschicke ihres Volkes. Jedoch durch massiven Druck haben sie sich wenigstens 200 Plätze als stille Zuhörer auf der so genannten „Damengalerie" verschafft. Den anwesenden bürgerlichen Frauen war insbesondere Bildungs- und Berufsfreiheit wichtig, um in Notsituationen nicht abhängig von Familie und Ehemann zu sein. Ihre Begeisterung für die fortschrittlichen und liberalen Abgeordneten steigerte sich bis zum Unglaublichen. Sie haben sich viel vom Ausgang der Versammlung erhofft, um am Ende, in der folgenden Zeit der Restauration, nur Spott, Enttäuschung, Verlust von gesellschaftlicher Akzeptanz oder finanzielle Einbußen hinnehmen zu müssen.

Wichtig waren 1919 in der Weimarer Republik die zwölf Frauen der ersten Stunde, die als profilierte Kommunalpolitikerinnen über die Parteien im Rathaus Römer ihre Erfahrungen in der Sozialarbeit einbrachten. In der entbehrungsreichen Zeit nach dem verlorenen Ersten Weltkrieg haben sie sich vor allem für die Bekämpfung der Armut und um mehr Rechte und Förderung für Frauen eingesetzt. In diesen Funktionen sind hervorzuheben: ***Jenny Apolant (1874–1925), Henriette Fürth (1861–1938), Else Epstein (1881–1948), Tony Sender (1888–1964), Carola Barth (1884–1959), Marie Bittdorf (1886–1974), Meta Quarck-Hammerschlag (1864–1954). Johanna Tesch (1875–1945)*** und ***Tony Sender*** vertraten ab 1920 ihren Wahlkreis sogar als Reichstagsabgeordnete in Berlin. Fast alle diese Frauen haben ihr uneigennütziges Engagement für das Wohl Anderer mit Verfolgung, Exil oder Haft bezahlt. Johanna Tesch wurde im Alter von 70 Jahren in das Frauen-KZ Ravensbrück deportiert, wo sie nach kurzem Aufenthalt starb. In der Ernst-May-Siedlung Riederwald gibt es einen Platz, eine Gedenkplakette und eine U-Bahnstation mit ihrem Namen.

Die Glocken des Domturms, die zu Ehren von Königen und Kaisern läuteten, haben auch am 13. Juni 1919 die Trauerfeier für ***Rosa Luxemburg (1870–1919)*** eingeläutet. Das revolutionäre, das rote Frankfurt, hatte das erzwungen. Rosa Luxemburg, Doktor der Staatswissenschaften und Kommunistin, wurde im Januar zuvor, zusammen mit Karl Liebknecht, in Berlin von Freicorps ermordet. Erst fünf Monate später fand man ihre Leichen im Landwehrkanal. Sie war sehr oft in Frankfurt gewesen und sehr beliebt bei der Arbeiterschaft. Sie hatte große Reden vor Tausenden von Menschen gehalten z. B. im Schuhmanntheater gegenüber dem Hauptbahnhof, in der Titania in Bockenheim oder im Alten Anker in Fechenheim. Vor dem Ersten Weltkrieg rief sie die Männer auf, nicht gegen ihre französischen Genossen die Waffen zu erheben. Auf Grund ihrer Reden gegen Militarismus und Krieg wurde sie im Frankfurter Landgericht (heute Bau A Grundbuchamt) zu einem Jahr Gefängnis verurteilt, das sie in Berlin verbüßt hat.

Auch über Frauen im christlichen Widerstand während der Zeit des Nationalsozialismus ist in der Öffentlichkeit wenig bekannt. Von *Katharina Staritz (1903–1953)*, der Pfarrerin der Katharinenkirche, Wissenschaftlerin und mutige Kritikerin des Hitlerregims, gibt es keinerlei Hinweis in der Stadt. Sie hat ihr Leben riskiert, um andere zu retten. An den Folgen einer langen KZ-Haft in Ravensbrück ist sie im Alter von 50 Jahren in Frankfurt gestorben. Genauso wie die politisch engagierten Frauen dieser Zeit hat sie viel gelitten und ist fast vergessen. Dr. Gerlind Schwöbel hat über sie das Buch geschrieben „Ich aber vertraue" und ihr ein Kapitel in ihrem bei Lembeck erschienenen Buch „Allein dem Gewissen verpflichtet" gewidmet.

Nach einem Vortrag von mir bei der Polytechnischen Gesellschaft in Frankfurt wurde ich von meinen Zuhörern auf eine weitere Frankfurterin aufmerksam gemacht, die im Ostend der Stadt geboren ist: Professor Dr. med. *Rahel Hirsch (1870–1953)*. Rahel wurde als sechstes von elf Kindern von Mendel und Doris Hirsch geboren. Ihr Vater war der Schulleiter der größten jüdischen Schule Am Tiergarten, die den Namen ihres Großvaters, des Rabbiners und Begründers der Israelitischen Religions-Gesellschaft Samson Raphael Hirsch (moderne Orthodoxie) trug. Nach einem Lehrerinexamen studierte sie Medizin in der Schweiz, praktizierte anschließend als niedergelassene Ärztin in Berlin und arbeitete als Wissenschaftlerin unentgeltlich an der Charité in Berlin. Von Zeitgenossen wird sie als besonders schön, intellektuell, immer elegant und allseits beliebt charakterisiert. Sie wurde eine hochspezialisierte Koryphäe in der Stoffwechselforschung. Von ihr beobachtete Abläufe werden noch heute als sog. „Hirsch-Effekt" bezeichnet. 1913 wurde sie das erste „Fräulein Professor der Medizin" in Preußen. Mit der antijüdischen Gesetzgebung

1933 beginnt eine Zeit der Ausgrenzung und Verfolgung. Erst 1938 flieht sie ins Exil nach London zu ihrer Schwester. Weil ihre deutschen Examen dort nicht anerkannt wurden, musste sie unter ihrer Qualifikation arbeiten. Von Depressionen gequält, starb sie im Exil einsam und völlig verarmt. In Berlin gibt es einen Rahel-Hirsch-Weg und eine Bronzestatue in der Charité, außerdem ist ein Habilitationsstipendium für Frauen nach ihr genannt. Es ist mir ein Anliegen sie hier, wenn auch nur kurz, als Frankfurterin nachträglich zu erwähnen.

Anne Frank (1929 – 1945) ist in Frankfurt im Marbachweg 307 geboren. Seit 1933 lebte ihre Familie in der Ganghoferstraße 24 in Eschersheim. Im Sommer desselben Jahres musste sie die Stadt verlassen und ins Exil nach Holland gehen. Das weitere tragische Schicksal des Mädchens im Versteck und die Deportation in die KZs Westerbork, Auschwitz und schließlich Bergen-Belsen ist hinreichend bekannt geworden durch ihr Tagebuch, das in 60 Sprachen übersetzt und weltweit berühmt ist. In Frankfurt gibt es eine Gedenkplakette am Haus Ganghoferstraße 24, eine Straße und Siedlung in Eschersheim, eine Schule in Eckenheim und eine Jugendbegegnungsstätte in der Hansaallee 150, die an sie erinnert. Die Mauer des jüdischen Friedhofs in der Battonstraße wurde rundherum mit über 11 000 Metallklötzchen versehen, auf denen die Namen von jüdischen Frankfurtern stehen, die in KZs ermordet wurden. Hier finden wir auch Annes Namen, den ihrer Schwester Margot und ihrer Mutter Edith.

Stefanie Zweig, geb. 1932 in Leobschütz/Oberschlesien, lebt als freie Schriftstellerin in Frankfurt. Hier war sie Schülerin der Schillerschule in Sachsenhausen. Als sie sechs Jahre alt war, musste die Familie auf Grund ihrer jüdischen Herkunft und der damit verbundenen Verfolgung nach Kenia fliehen. Zurückkehrt ins Nachkriegsdeutschland, vermisste sie Afrika, das Land ihrer Kindheit. In mehreren autobiographischen Romanen hielt sie ihre Erlebnisse und Eindrücke fest. Sie berichtet von den Sitten und Gebräuchen der dort lebenden Menschen, mit denen sie sich immer noch verbunden fühlt. Der Roman „Nirgendwo in Afrika" wurde verfilmt und im Jahre 2003 als bester ausländischer Film in Hollywood mit einem Oscar prämiert. Ihr umfangreiches schriftstellerisches Werk wurde inzwischen mit zahlreichen Preisen, Orden und Ehrungen ausgezeichnet.

Ich kenne keine andere deutsche Stadt, die so viele Frauen aufzuweisen hat, welche die Stadtgesellschaft prägten und die Geschichte mitbestimmten, wie Frankfurt.

Trotz der verheerenden Zerstörung im Krieg lassen sich jedoch noch viele Spuren von Frauen finden, die Großes für die Stadt oder gar für die gesamte Menschheit geleistet haben. Es ist schön zu wissen, wo es war, damit man später nicht mehr achtlos an ihren Wirkungsstätten vorübergeht.

Den Menschen über das Leben von Frankfurter Frauen und ihre Verdienste zu erzählen, um sie auch für die Zukunft im Gedächtnis der Allgemeinheit zu verankern, damit sie nicht vergessen werden, waren die Beweggründe für dieses Buch.

DANKSAGUNG

Mein Dank gilt zuallererst meinem Verleger Dr. Wolfgang Neumann des Verlags Otto Lembeck. Ohne sein Interesse am Thema meiner Arbeit und seine freundliche Begleitung und Unterstützung zusammen mit seiner Mitarbeiterin Christina Gleichfeld wäre das Buch nicht entstanden.

Ich danke der persönlichen Referentin des Geschäftsführers der Arbeiterwohlfahrt, Kreisverband Frankfurt am Main, Frau Petra Rothe, die mir Einblicke in die originalen und bewegenden Dokumente von Johanna Kirchner ermöglichte und mir so die aufrechte Widerstandskämpferin aus Frankfurt nahebrachte.

In besonderer Weise möchte ich meinen Dank Herrn Michael Lenarz vom Jüdischen Museum aussprechen für seine freundliche Hilfe bei der Beschaffung des Bildmaterials über die Familie Rothschild.

Das gleiche gilt für Herrn Kai von Schauroth, der mir das Jugendbild seiner Großmutter Lina von Schauroth großzügig zur Verfügung stellte.

Herr Klaus Rheinfurth vom Frankfurter Institut für Stadtgeschichte war immer hilfsbereit, um für mich das Bildmaterial von Mutter Goethe, Lili Schönemann, Johanna Kirchner und Elisabeth Schwarzhaupt zusammenzustellen.

Frau Dr. Petra Maisack und Herr Dr. Gerhard Kölsch vom Freien Deutschen Hochstift ermöglichten mir die Abbildung von Marianne von Willemer.

Das Dokumentationsarchiv des österreichischen Widerstandes in Wien gab mir die Abdrucksgenehmigung für das Foto von Margarete Schütte-Lihotzky.

Zuletzt möchte ich meinem Mann danken, der unsere knappe gemeinsame Freizeit widerspruchslos meiner Arbeit an den Biographien der Frankfurter Frauen schenkte.

BILDNACHWEIS

Elisabeth Catharina Goethe: Institut für Stadtgeschichte der Stadt Frankfurt am Main, Publikationsrechte: Goethemuseum

Gudula Rothschild: Jüdisches Museum der Stadt Frankfurt am Main

Lili Schönemann: Institut für Stadtgeschichte der Stadt Frankfurt am Main

Marianne von Willemer: Freies Deutsches Hochstift, Goethehaus der Stadt Frankfurt am Main

Stifterinnen der Familie Rothschild: Jüdisches Museum der Stadt Frankfurt am Main

Lina von Schauroth: Privatbesitz von Kai von Schauroth

Johanna Kirchner: Institut für Stadtgeschichte der Stadt Frankfurt am Main

Margarete Schütte-Lihotzky: Dokumentationsarchiv des österreichischen Widerstandes der Stadt Wien

Elisabeth Schwarzhaupt: Institut für Stadtgeschichte der Stadt Frankfurt am Main, Publikationsrechte: Bundesbildstelle